青少年美绘版书系

探秘天下

中国孩子最想知道的神秘文明

崔钟雷 主编

浙江人民出版社
ZHEJIANG PEOPLE'S PUBLISHING HOUSE

图书在版编目(CIP)数据

中国孩子最想知道的神秘文明 / 崔钟雷主编. –– 杭州：
浙江人民出版社，2013.5（2015.1 重印）
（青少年美绘版书库. 探秘天下）
ISBN 978-7-213-05469-3

Ⅰ. ①中… Ⅱ. ①崔… Ⅲ. ①世界史 – 文化史–青年
读物②世界史 –文化史 –少年读物 Ⅳ. ①K103–49

中国版本图书馆 CIP 数据核字（2013）第 085114 号

青少年美绘版书库·探秘天下

中国孩子最想知道的

神秘文明

书　　名	中国孩子最想知道的神秘文明
策　　划	钟　雷
主　　编	崔钟雷
副 主 编	王丽萍　张文光　翟羽朦
出版发行	浙江人民出版社
	杭州市体育场路 347 号
	市场部电话：(0571)85061682　85176516
责任编辑	毛江良
责任校对	朱　妍
装帧设计	稻草人工作室
印　　刷	三河市嘉科万达彩色印刷有限公司
开　　本	787 毫米 × 1092 毫米　1/16
印　　张	12
字　　数	16 万
版　　次	2013 年 5 月第 1 版·2015 年 1 月第 2 次印刷
书　　号	ISBN 978-7-213-05469-3
定　　价	19.80 元

如发现印装质量问题，影响阅读，请与市场部联系调换。

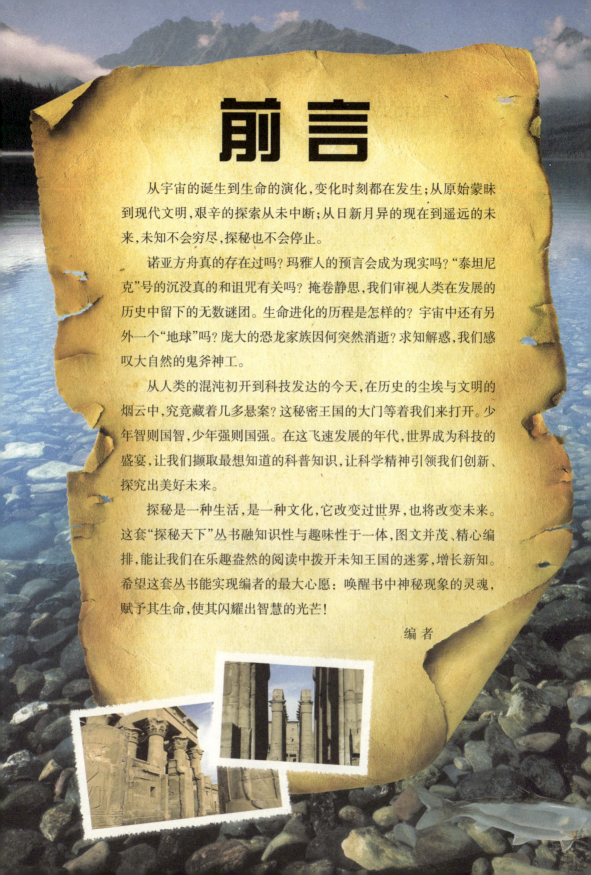

前言

　　从宇宙的诞生到生命的演化，变化时刻都在发生；从原始蒙昧到现代文明，艰辛的探索从未中断；从日新月异的现在到遥远的未来，未知不会穷尽，探秘也不会停止。

　　诺亚方舟真的存在过吗？玛雅人的预言会成为现实吗？"泰坦尼克"号的沉没真的和诅咒有关吗？掩卷静思，我们审视人类在发展的历史中留下的无数谜团。生命进化的历程是怎样的？宇宙中还有另外一个"地球"吗？庞大的恐龙家族因何突然消逝？求知解惑，我们感叹大自然的鬼斧神工。

　　从人类的混沌初开到科技发达的今天，在历史的尘埃与文明的烟云中，究竟藏着几多悬案？这秘密王国的大门等着我们来打开。少年智则国智，少年强则国强。在这飞速发展的年代，世界成为科技的盛宴，让我们撷取最想知道的科普知识，让科学精神引领我们创新、探究出美好未来。

　　探秘是一种生活，是一种文化，它改变过世界，也将改变未来。这套"探秘天下"丛书融知识性与趣味性于一体，图文并茂、精心编排，能让我们在乐趣盎然的阅读中拨开未知王国的迷雾，增长新知。希望这套丛书能实现编者的最大心愿：唤醒书中神秘现象的灵魂，赋予其生命，使其闪耀出智慧的光芒！

编者

目录
CONTENTS

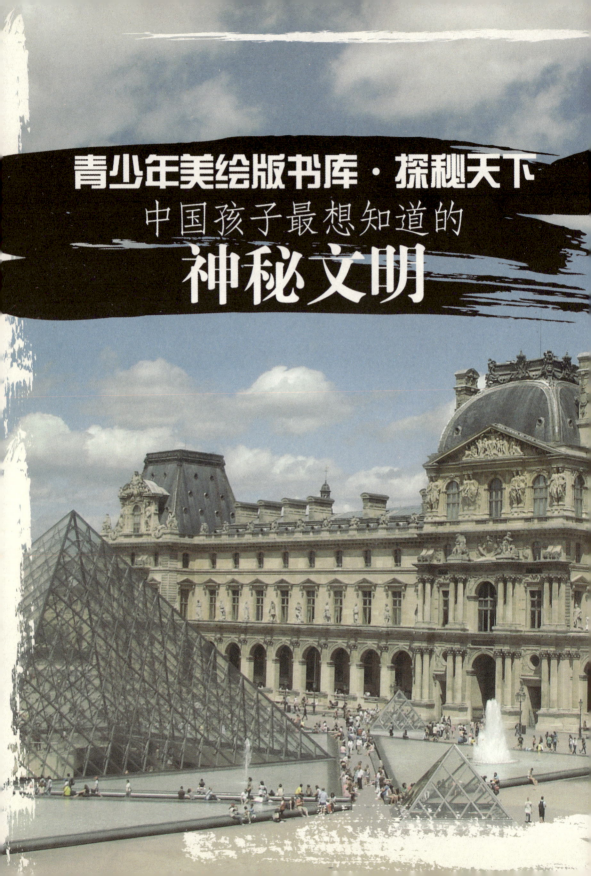

青少年美绘版书库·探秘天下

中国孩子最想知道的
神秘文明

文明的总述

经济供应、政治组织、伦理传统、知识与艺术的追求是文明的四大因素。动乱在某种程度上会触发新文明的萌动，而动乱的终结就是新文明崭新的起点。当人们不再恐惧，好奇心与创造力不再受约束时，自然会产生了解生活、改善生活的渴望。

形成文明的先决条件很多，它们可能促进文明的发展，也可能阻碍文明的进步。

首先就是地质条件。适宜的地质条件是一个文明存在和发展的必要前提。

其次是地理条件。热带的炎热天气和茂密的寄生植物都会影响文明的发展。自然界无常的变化可能会使一度繁荣的王国沦为废墟，也可能会使一些默默无名的落后的城镇，迅速强盛起来。

经济条件是形成文明最重要的物质基础。一个民族即使具有完备的典章制度、崇高的伦理道德，甚至像美洲印第安民族一样对艺术拥有独到的见解，但是假如这个民族只依靠狩猎方式生存，那么它绝不会从原始落后进化到现代文明。

农耕业为文明的发展提供了物质保障,文明的发展又促进了城市的发展。一方面,文明是礼仪的前提;另一方面,礼仪又是市民们表现在言谈与思想上的高尚气质。不可否认,虽然财富与智慧聚集在城市,但它们却主要产生于乡村。在城市里,有一些人从未参与实物的制造,却创造了科学与哲学、文学与艺术。文明在农舍播种,但却常常在城市中开花。

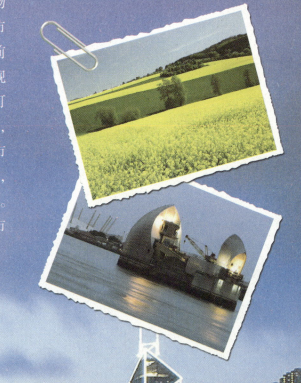

物质文明

人类在繁衍生息中创造了丰富的物质文明,而物质文明又为人类改造自然、推动社会进步创造了必要的基础条件,人类社会在这样的循环中不断进步。

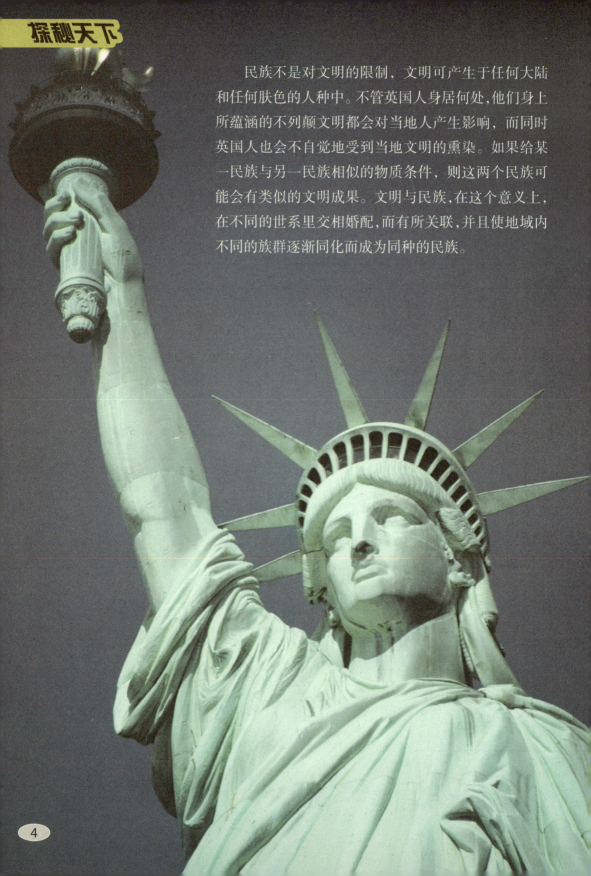

民族不是对文明的限制，文明可产生于任何大陆和任何肤色的人种中。不管英国人身居何处，他们身上所蕴涵的不列颠文明都会对当地人产生影响，而同时英国人也会不自觉地受到当地文明的熏染。如果给某一民族与另一民族相似的物质条件，则这两个民族可能会有类似的文明成果。文明与民族，在这个意义上，在不同的世系里交相婚配，而有所关联，并且使地域内不同的族群逐渐同化而成为同种的民族。

第一章 | 亚洲文明

　　神秘而迷人的亚洲，承载着数千年的历史沧桑，孕育了悠久深邃的古老文明。神奇的亚洲大陆，正因睿智、博大而又精深的亚洲文明变得熠熠生辉。

源远流长的华夏文明

华夏大地幅员辽阔,在这片土地上曾出现了若干既相互联系又相互区别的区域文化,它们最终凝聚成了多元一体的华夏文明。数千年来,尽管危机迭现,但华夏文明的传统仍一脉相承、延绵不绝,正是这种异乎寻常的凝聚力,赋予了中华民族经久不衰的生命力。

刀耕火种的原始社会

原始社会主要以亲族关系为基础,人口比较少,经济生活采取平均分配原则。原始社会经历了旧石器时代和新石器时代。到新石器时代末期,人类开始使用天然金属,后来逐渐学会了制作青铜器,人类进入了青铜时代。中国的青铜器制作精

美，在世界青铜器中堪称艺术价值最高。到了公元前1000～公元初年，随着铁器的广泛使用，人类进入了铁器时代。原始社会从青铜时代初期就开始解体，同时这一时期也是阶级社会形成的时期。

　　原始社会晚期，农业和畜牧业在生产中的地位有所提升，男性逐渐占据社会中的主导地位，父系氏族公社随之产生。在父系氏族公社中，实行父系财产继承制。随着生产力的发展，人们的产品出现了剩余，个体劳动逐渐取代集体劳动，私有制随之出现，阶级也出现了。不同阶级之间出现了矛盾，阶级统治的工具——国家随之诞生。

文明渐兴的奴隶社会

　　禹担任部落联盟首领的时候,社会生产发展,人们的生活水平提高,私有财产更多了。约公元前2070年,禹建立了夏朝,这是我国历史上第一个王朝。禹也从部落联盟首领转变为奴隶制国家的国王,从此,我国漫长的原始社会结束了。

　　禹在位时,他的儿子启已有强大的势力,禹死后,启继承父位,成为第二代夏朝国王,开创了"家天下"的历史。从此,王位在一家一姓中传承,王位世袭制被后世统治者采用。

　　夏朝的最高统治者为了巩固自己的统治地位,把自己的行为说成是天的意志,王权具有了神秘的色彩。

中国酒器——爵文化

　　爵可以说是最早的酒器,功能上相当于现代的酒杯。流行于夏、商、周。爵的一般形状,前有倾酒的流槽,后有尖锐状的尾,中为杯,一侧有鋬(把手),下有三足,流与杯口之际有柱,此为各时期爵的共同特点。

青铜时代

　　青铜时代是以使用青铜器为标志的人类文化发展的一个阶段。一般把中国的青铜时代分为形成期、鼎盛期、转变期。其中,鼎盛期包括夏、商、西周、春秋及战国早期,延续时间约1600余年,当时的青铜器物主要分为礼乐器、兵器及杂器。

禹建立的夏朝（约前 2070~ 前 1600），是我国史书记载的第一个世袭王朝，也是我国历史上的第一个奴隶制国家，是中国奴隶社会的开端。它历时约 500 年，共传 14 代历 17 王。夏朝的建立标志着"家天下"传统的形成。

夏朝最后一位国王桀暴虐无道，商汤带领商部落打败桀，灭了夏朝。商朝建立。

作为我国历史上第二个重要朝代，商朝从大约公元前 1600 年到公元前 1046 年，共延续了约 600 年的时间。商朝是当时世界上的大国。作为统治阶级，商朝奴隶主贵族形成了庞大的官僚统治机构和军队。

殷墟遗址

殷墟是中国商代后期都城的遗址，位于河南安阳市西北殷都区小屯村，横跨洹河两岸。商代从盘庚到帝辛，在此建都达 273 年，是中国历史上可以证实确切位置的最早的都城。

最初，商汤建都亳（今河南商丘附近），后来多次迁都。盘庚在位时，迁都至殷（今河南安阳小屯村），因此历史上也称商王朝为殷朝或殷商。

商代甲骨文是一种成熟的文字，兼有象形、会意、形声、假借、指事等多种造字方法。甲骨文因刻写材料坚硬，故字体为方形。

商朝最后的国君纣王性情残暴,昏庸腐败,他建"酒池肉林",使用酷刑。纣王的残暴激起了越来越多大臣和诸侯的不满,很多人都站出来反对纣王,这些人都先后遭到迫害。这一时期,西岐的周国在周文王的治理下越来越强盛。周文王死后,他的儿子姬发继位,即周武王。周武王拜姜太公(姜尚)为师,继续整顿内政,扩充兵力,准备讨伐商纣王。

大约在公元前 11 世纪,周武王发兵 5 万,以姜尚为元帅,渡过黄河东进至孟津。周武王在孟津举行誓师大会,宣布了纣王残害人民的罪状,鼓励大家同心协力,开始伐纣的战争。

　　周武王的伐纣大军深得民心，一路上势如破竹，很快就打到离朝歌仅 35 千米的牧野(今河南淇县西南)。

　　纣王听到这个消息，立刻调兵遣将，拼凑了 70 万人马，由他亲自率领，到牧野迎战。

在牧野战场上,当周军勇猛进攻的时候,纣王的70万人马就掉转矛头,纷纷倒戈。纣王见大势已去,只好逃回朝歌,当夜,在鹿台自焚而死。

周武王灭了商朝,把国都从丰搬到镐京(今陕西西安市西),建立了周王朝。

周朝共延续约800年时间,分为西周和东周两个时期。西周建都镐京(今陕西西安附近),到公元前771年结束。次年,周平王迁都洛邑(今河南洛阳),东周的历史开始。

自从周平王东迁之后,周王室势力衰落,强大的诸侯国不断地发动兼并战争,出现了诸侯争霸的局面。齐桓公、晋

编钟

编钟兴起于西周,而在春秋战国至秦汉时期十分盛行。编钟的钟体小,音调就高,音量也小;钟体大,音调就低,音量也大,所以铸造时的尺寸和形状对编钟有重要的影响。

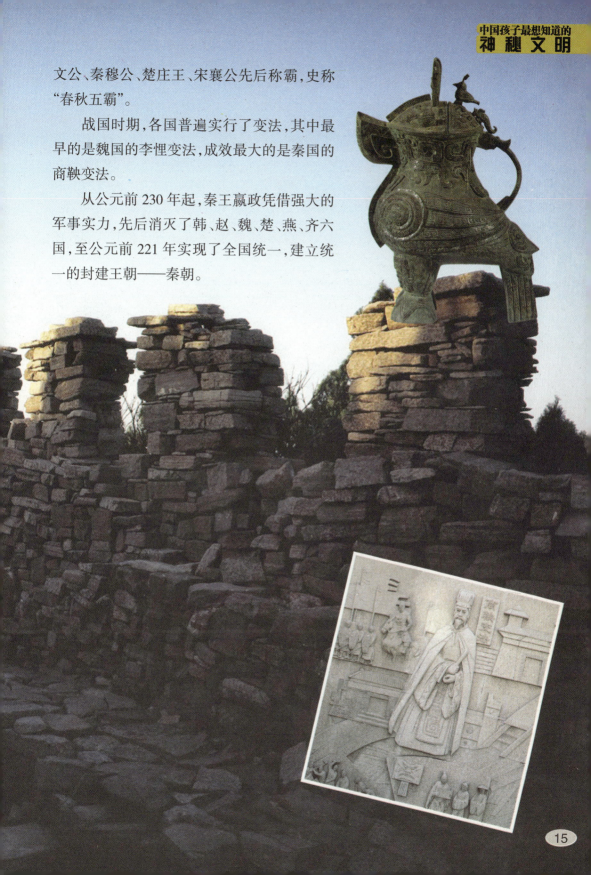

文公、秦穆公、楚庄王、宋襄公先后称霸，史称"春秋五霸"。

战国时期，各国普遍实行了变法，其中最早的是魏国的李悝变法，成效最大的是秦国的商鞅变法。

从公元前230年起，秦王嬴政凭借强大的军事实力，先后消灭了韩、赵、魏、楚、燕、齐六国，至公元前221年实现了全国统一，建立统一的封建王朝——秦朝。

风云变幻的封建王朝更迭

　　秦国统一天下,标志着中国进入"大一统"的时代,从而拉开了封建王朝统治的帷幕。

　　秦朝建立后,秦王嬴政自称"始皇帝",后人称他为秦始皇。秦朝只传了 2 代 2 个皇帝,立国仅 15 年。它的疆域极为辽阔,东到大海,西到今甘肃、四川,南达南海,北到长城一带。

　　秦始皇加强中央集权统治,将国家政治、经济、军事等大权均集中起来。在朝廷,设立了丞相、太尉、御史大夫等官职,辅佐皇帝治国;在地方,

千古一帝

　　秦始皇首先创立皇帝制度,把中国推向了大一统的时代,开创了专制主义中央集权制度新局面,对中国和世界历史产生了深远影响,奠定了之后中国 2000 多年政治制度的基本格局,被明代思想家李贽誉为"千古一帝"。

废除西周以来的分封制,推行郡县制,把全国领土划分为 36 郡(后增至 40 多个郡),郡下设若干个县,由皇帝委派郡守和县令治理。

秦始皇将秦国的圆形方孔钱作为全国通用的货币,把小篆定为标准字体,并统一了度量衡,促进了全国各地经济文化的交流和发展。

　　秦始皇派兵征服岭南,并修建了著名的万里长城。

　　公元前 202 年,刘邦建立汉朝,定都长安(今陕西西安),史称西汉(前 202~8 年)。西汉延续 210 年,共传 12 帝。汉朝的疆域东南至海,西北到巴尔喀什湖、葱岭,西南达今云南、广西、越南的北部,北至大漠,东北达朝鲜半岛北部。

　　随着汉王朝的兴盛,西域和汉朝的往来也越来越频繁。汉武帝派张骞出使西域,开辟了"丝绸之路",使中国的文明与文化传播到了全世界。

　　西汉发展到了公元 1 世纪前后开始衰败。公元 9 年,外戚王莽夺取汉平帝政权,西汉灭亡。公元 25 年,刘秀复辟了汉朝,定都洛阳,史称东汉,东汉的发展延续了西汉的传统。

汉高祖刘邦

东汉末年,董卓专权引起诸侯的不满,诸侯纷纷起兵讨伐,最后董卓被杀。此后,各地军阀混战,其中袁绍和曹操势力最大。公元200年,曹操在官渡之战中大败袁绍,又陆续消灭了袁绍的残余势力,基本统一了北方,形成了独霸中原的局面。但孙权占据土地肥沃、物产丰富的扬州六郡,成为曹操吞并天下的主要障碍。而刘备招揽天下英才,在他手下集聚了关羽、张飞、赵云等众多猛将,还有神机妙算的诸葛亮,成为曹操的又一劲敌。

公元208年，曹操亲自率军临江陈兵，虎视江东，觊觎巴蜀，大有吞并孙权、刘备，一统天下之势。但孙刘联军利用火攻的办法在赤壁大败曹军。

经过赤壁大战之后，曹操元气大伤，魏、蜀、吴三国鼎立的局面基本形成。

公元220年，曹丕称帝，国号魏，定都洛阳；公元221年，刘备在成都称帝，国号汉，世称蜀，也称蜀汉；公元229年，孙权在武昌称帝，后迁都建业（今南京），建立吴国。至此，魏、蜀、吴三国鼎立的局面形成。

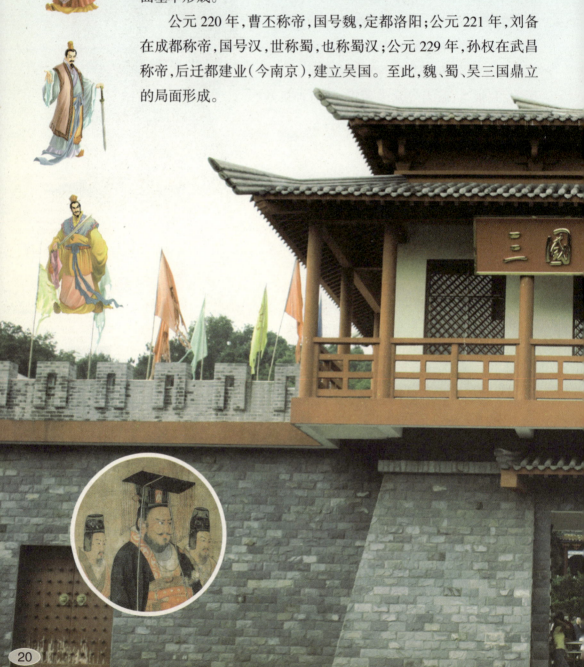

然而曹魏政权并不稳定，曹丕死后，大臣司马懿掌握大权，主弱臣强。公元 263 年，魏灭蜀。公元 266 年，司马懿之孙司马炎夺取政权，建立晋朝，先定都洛阳，后迁都长安，史称西晋。公元 280 年，西晋灭吴。公元 316 年，西晋被匈奴所灭。公元 317 年，司马睿在江南即位，定都建康（今南京），史称东晋。

南北朝时期是两晋以后中国历史上的一个分裂时期,从公元 420 年开始,到公元 589 年北隋灭南陈结束,共经历了 169 年。

魏晋南北朝时期,佛教迅速传播并发展起来。北魏时,佛像、壁画、石窟、寺院等得到了空前发展。

隋炀帝生平作为

隋炀帝一生比较重要的作为包括："修建洛阳"、"迁都洛阳"、"修通运河"、"西巡张掖"、"开创科举"、"开发西域"等。

隋朝是中国历史上最为辉煌的朝代之一。这一时期,中国在政治、经济、文化、外交等方面都有极大的发展,其东亚邻国新罗、渤海国和日本的政治体制、经济文化等都受到了隋朝的影响。

隋朝的政治、军事中心集中于北方,为了加强南北交通,巩固隋王朝对全国的统治,隋朝统治者开始修建运河。大运河对中国经济发展起到了积极作用,并在此后的千百年里成为沟通中国南北方的重要纽带。

隋朝的空前强大令世界瞩目,然而隋炀帝是一个好大喜功的暴君,致使国内矛盾空前激化,各地反抗隋朝的起义纷纷爆发。在起义军的打击下,隋朝政权迅速土崩瓦解。公元 618 年,炀帝被部将杀死,隋朝灭亡,共历时 37 年。

公元 618 年,李渊建立唐朝,定都长安。经过多年的征战,李渊镇压了各路农民起义军,削弱了多个割据政权,至公元 624 年前后实现了大体统一。

唐朝建立之后,基本上承袭了隋朝的制度,并建立三省六部的中央政权机构,实行科举制度和均田制度。唐朝初年,政府征收的赋税比较轻,百姓生活富足。李世民是唐朝第二个皇帝,他在位年间为贞观年间(627~649 年),其统治期间政治清明、经济繁荣、社会安定,出现了"贞观之治"的盛况。公元 641 年,为加强汉、藏两族联合,唐太宗将文成公主嫁给了吐蕃赞普松赞干布。

公元 690 年，武则天改国号"唐"为"周"，迁都洛阳，改东都为神都，史称武周。武周政权持续了 15 年之久（690~705 年）。公元 705 年，唐中宗李显恢复大唐国号。

唐玄宗李隆基在位期间的前期，政治清明，举贤任能，经济发展迅速，唐朝进入全盛，这一时期共 29 年，史称"开元盛世"。天宝十四年（755 年）安史之乱后，唐朝日渐衰落，最终走向灭亡。

女皇武则天

武则天是中国历史上唯一一个正统的女皇帝，她在位期间，大唐政治清明，经济迅速发展。而且武则天稳定了动荡的边疆形势，可以说她为唐朝发展作出了巨大贡献。

宋朝（960~1279 年）依据其首都及疆域的变迁，可分为北宋与南宋。

两宋时期，在整个社会经济和文学全面发展的推动下，科学技术取得了巨大的进步。这一时期的科技成就，不仅成为我国古代科学技术史上的一个高峰，更在当时的世界范围内居于领先地位。

1206 年，铁木真征服了蒙古高原其他部落，建立了蒙古汗国。铁木真被尊称成吉思汗（意思是拥有四海的最高领袖）。蒙古军队先后灭亡了西夏、金，向西一直打到多瑙河流域。1271 年，蒙古大汗忽必烈把政治中心迁至燕京（今北京），次年改称大都并定为首都，改国号为元。1276 年，元朝灭宋，并于 1279 年最终统一全国。忽必烈就是元世祖。元朝自忽必烈后，共传了 10 个皇帝，统治中国 92 年。

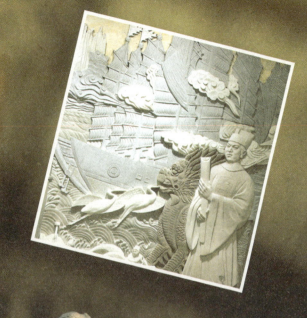

元代疆域最为辽阔,北达西伯利亚,南到南海,西南至今西藏、云南,西北达今新疆境内,东北抵鄂霍次克海。为加强统治,元朝施行行省制度。现在,中国省级的行政区划就起源于元。元代政府还设置了澎湖巡检司,负责管辖澎湖和琉球(今台湾)。

1368年,朱元璋推翻元朝的黑暗统治,建立明朝,定都应天府(今南京),定其国号为大明,年号洪武。至永乐十九年(1421年)时,明成祖朱棣迁都北京,应天府改为留都。

朱棣的功绩

1402年,朱棣夺位登基,后改元永乐。在位期间,他五次亲征蒙古,巩固了北部边防,维护了中国版图的统一与完整;曾多次派郑和下西洋,加强了中外友好往来;编修了《永乐大典》;疏浚大运河。由于朱棣在位期间的政治经济发展迅速,国力强盛,所以史称"永乐盛世"。

明朝后期，努尔哈赤于1616年建立了后金国，统一了女真各部，不再向明朝俯首称臣。努尔哈赤的儿子皇太极于1636年在沈阳称帝，改国号为清，改元崇德，清朝正式建立。1643年皇太极病死，福临继位，即清世祖顺治帝。1644年，李自成的大顺军推翻明朝，明思宗自杀。吴三桂引清兵入关，多尔衮迎顺治入北京。清兵入关以后，在中国开始了长达268年的封建王朝统治。

清朝前期，专制主义中央集权制度进一步加强。军国大事完全由皇帝掌控，各地方的军政首脑也直接听从皇帝。统治者一方面通过科举取士，笼络知识分子；一方面又为遏制民间的反清思想而大兴文字狱。

在康熙、雍正、乾隆三朝时，经济持续发展。国内一大批新兴市镇涌现，统一的大市场开始形成。但是，清朝统治者实行闭关锁国政策，几次下令严禁海外贸易，又在国内设立了诸多关卡，对进口商品征收重税，并严格控制手工业生产的规模，大大地阻碍了资本主义萌芽的进一步发展。这也就为中国的封建社会敲响了灭亡的钟声。

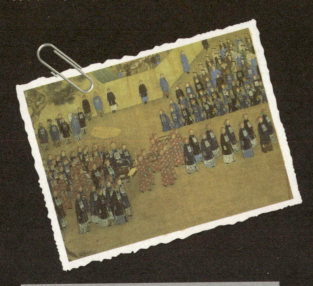

清朝前期的发展

清朝是中国历史上统一全国的大王朝之一。清朝初期，清政府为缓和阶级矛盾，实行了奖励垦荒、减免捐税的政策，使得内地和边疆的社会经济都有所发展。

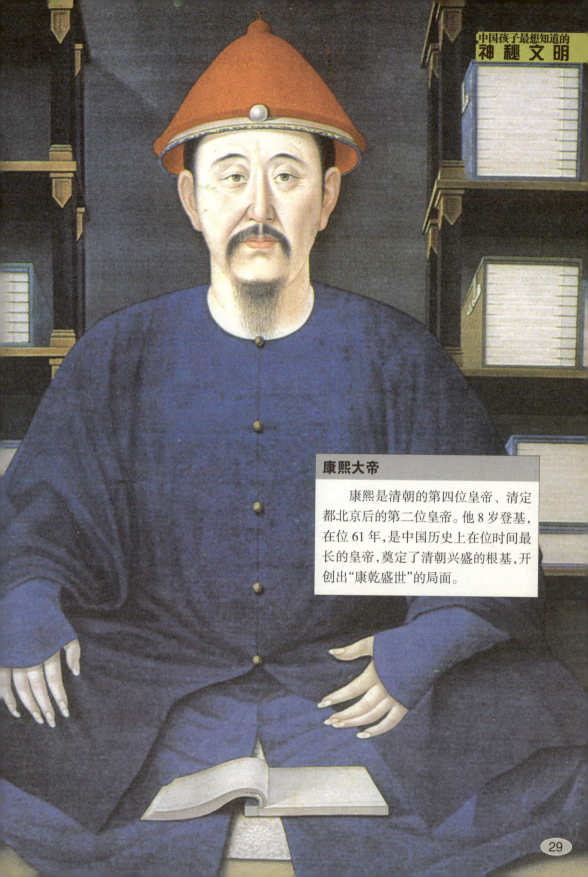

康熙大帝

康熙是清朝的第四位皇帝、清定都北京后的第二位皇帝。他 8 岁登基，在位 61 年，是中国历史上在位时间最长的皇帝，奠定了清朝兴盛的根基，开创出"康乾盛世"的局面。

影响深远的印度文明

古老的印度河与恒河流域，孕育了灿烂的古印度文明。作为人类古文明之一的古印度文明，经历了朝代的更迭、列强的侵略，千年的风雨没有冲淡其文明的光芒。昔日辉煌的哈拉帕文明、强大的孔雀帝国、宏伟壮观的泰姬陵……似乎诉说着那段让人难以忘怀的历史。

雅利安人

雅利安人是史前时期居住在今伊朗和印度北部的民族。雅利安民族原本是一个游牧民族，他们在进入印度北部后，与当地文明接触，学习到了很多先进的文化和科技。

印度王朝的更迭

　　雅利安人的一支在约公元前 2000 年或更早的时候，南下进入伊朗高原，后向西迁移到印度河流域。

　　公元前 1500 年前后，雅利安人开始大规模进入印度次大陆。约公元前 15 世纪～公元前 6 世纪便是印度历史上的吠陀时期。

　　到吠陀时代后期，雅利安人开始向东方扩张，直指恒河流域。

　　在公元前 1000 年前后，以城堡为中心建立的国家在印度次大陆出现了。到公元前 6 世纪，大约有 16 个较大的国家出现在印度河流域与恒河流域及其周围地区，从此古印度史上的列国时代开始了。

摩揭陀国在不断的争战中脱颖而出并渐渐强大起来。公元前4世纪时,整个印度北部几乎都被摩揭陀国控制,至此,摩揭陀国成为一个拥有广阔领土的地域性霸主。

公元前6世纪,频毗沙罗王(约前544~前491年在位)统治摩揭陀国,建都王舍城。

摩揭陀简介

摩揭陀国意译"无害国、不恶处国、致甘露处国、善胜国",它是佛陀住世时印度十六大国之一,主要位于今南比哈尔地区,以巴特那(华氏城)、佛陀伽耶为其中心。

公元前4世纪,摩揭陀国完成了几代帝王统一恒河流域的夙愿,成为恒河流域的霸主。这时摩揭陀国的政治、经济、军事以及文化都有很大的发展,尤其以军事的发展最为突出。

摩揭陀的末代统治者丹那·难陀是一位非常残暴的国王。他的横征暴敛造成了社会各阶层的不满,因此他的统治非常不稳定。此时,旃陀罗笈多领导人民举行起义,推翻了腐败的难陀王朝并建立了新王朝,名为"孔雀王朝"。

孔雀王朝在旃陀罗笈多的带领下,在接下来的24年间,取得了军事和外交上的双进步。

可是，正值事业顶峰的旃陀罗笈多将皇位传给儿子宾头沙罗，然后离开王宫，开始流浪各地，过着苦行僧般的生活，最后他按照耆那教习俗慢慢绝食而亡。

宾头沙罗在位时，在政治军事上最主要的贡献，同时也是他最重要的行动就是向南部印度的扩张。

耆那教

耆那教是起源于古印度的古老宗教之一，有其独立的信仰和哲学。始创人为笩驮摩那，他早于佛教的始创人释迦牟尼出生，耆那教的中心教义主要由他建立。

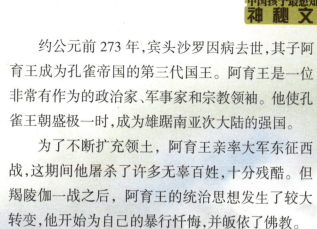

约公元前 273 年，宾头沙罗因病去世，其子阿育王成为孔雀帝国的第三代国王。阿育王是一位非常有作为的政治家、军事家和宗教领袖。他使孔雀王朝盛极一时，成为雄踞南亚次大陆的强国。

为了不断扩充领土，阿育王亲率大军东征西战，这期间他屠杀了许多无辜百姓，十分残酷。但羯陵伽一战之后，阿育王的统治思想发生了较大转变，他开始为自己的暴行忏悔，并皈依了佛教。

约公元前 187 年，孔雀帝国的末代国王布里哈德罗陀被手下的一个将领所杀，孔雀王朝统治时期宣告结束。

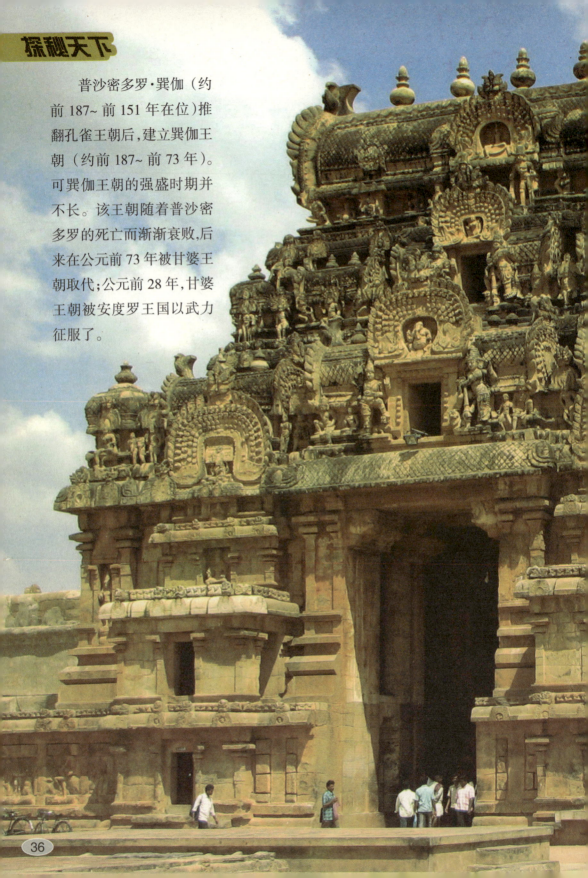

　　普沙密多罗·巽伽（约前 187~ 前 151 年在位）推翻孔雀王朝后，建立巽伽王朝（约前 187~ 前 73 年）。可巽伽王朝的强盛时期并不长。该王朝随着普沙密多罗的死亡而渐渐衰败，后来在公元前 73 年被甘婆王朝取代；公元前 28 年，甘婆王朝被安度罗王国以武力征服了。

佛教创始人

佛教创始人是释迦牟尼,他原名悉达多·乔达摩,生于古印度迦毗罗卫国,本为迦毗罗卫国太子,其父为净饭王,母为摩耶夫人。释迦牟尼的意思是大彻大悟的人。在民间,佛教徒也常称其为佛祖或如来佛祖。在佛教记载中,每年的农历四月初八是佛祖释迦牟尼的诞辰日。

　　兴起于德干高原东部哥达瓦里河和克里希纳河下游地区的安度罗王国，东临孟加拉湾，西濒阿拉伯海。这个王国由萨达瓦哈拉部族建立，雅利安人和土著居民的混种大概是该部族的种源。在安度罗最鼎盛时期，它的统治范围包括德干高原大部分地区、西海岸地区、南方的克里西拉河三角洲一带，成为南部印度的一大强国。约公元3世纪，安度罗发生分裂，此后走向衰亡。

　　中亚的贵霜王朝兴起于公元1世纪,在不断的征战中,贵霜王朝将印度西北部纳入了自己的势力范围,并且由此成为横贯中南亚的大帝国。贵霜王朝成为当时与罗马、安息、汉帝国并驾齐驱的四大帝国之一,它的繁荣也标志着古印度文明史上第三次文明高潮的到来。

　　公元3世纪,贵霜帝国开始走向衰败,逐渐分裂为一些小的王国。

　　公元4世纪初,一个新的帝国——笈多帝国在恒河中游一带出现。笈多帝国的建立平息了当时印度大部分地区的割据混乱局面,并将这些地区重归于统一的政治统治之下。经过三位才华卓越的君主的努力,印度古典文化全面发展起来。

　　笈多王朝被誉为古印度文明的黄金时代,此时的宗教哲学、文学艺术均达到巅峰。当时佛教艺术名作纷出,流派众多,建筑、雕刻、绘画技艺高超,这一时期因此成为古印度古典艺术的高峰。

公元5世纪以后,中亚民族——匈奴侵入印度大陆,笈多王朝的各属国纷纷独立。笈多王朝的衰落标志着古印度史的结束。

笈多帝国瓦解后,一度统一的北印度又陷入分裂状态。坦尼沙家族在诸侯割据、群雄争霸的纷争中取得了最终的成功。

公元612年,坦尼沙的曷利沙·伐弹那在一系列的政治斗争中获得胜利,建立了戒日帝国,定都曲女城(今卡瑙季),历史上称他为戒日王。曷利沙·伐弹那统治下的戒日帝国的势力范围主要是恒河中上游地区。

最终,戒日王在北印度大部分地区建立了以卡瑙季为中心的大帝国。这不仅意味着北印度大部分地区又实现了统一,而且表明北印度的政治、经济中心已由恒河下游转移到恒河中游。

戒日王去世后，戒日帝国立即陷于混乱状态。戒日王的外孙达罗犀那和大臣阿罗那顺都觊觎着王位。后来阿罗那顺夺取了恒河流域的许多地区，这样统一的戒日帝国即告灭亡。

公元 7 世纪末至公元 8 世纪上半叶，伊斯兰教兴起，阿拉伯人在西亚、北非建立起一个大帝国，他们的扩张范围也涉及印度。

伊斯兰教也随着阿拉伯人的入侵而传入印度，并促使一部分人改信伊斯兰教。但其对整个印度的影响是有限的，因为阿拉伯人的统治范围相对有限。

公元 962 年，一个突厥冒险家、中亚萨曼王朝呼罗珊总督阿普提真由于争夺王位失败，而在阿富汗的伽兹尼自立为王，创立了信奉伊斯兰教的伽兹尼王国。公元 997 年，马茂德登上伽兹尼王国王位，并于公元 1000 年起大举进攻印度。

清真寺

伊斯兰教随着伽兹尼王国的建立在印度大陆上落地生根，并逐渐发展起来。下图为伊斯兰教的标志性建筑清真寺。

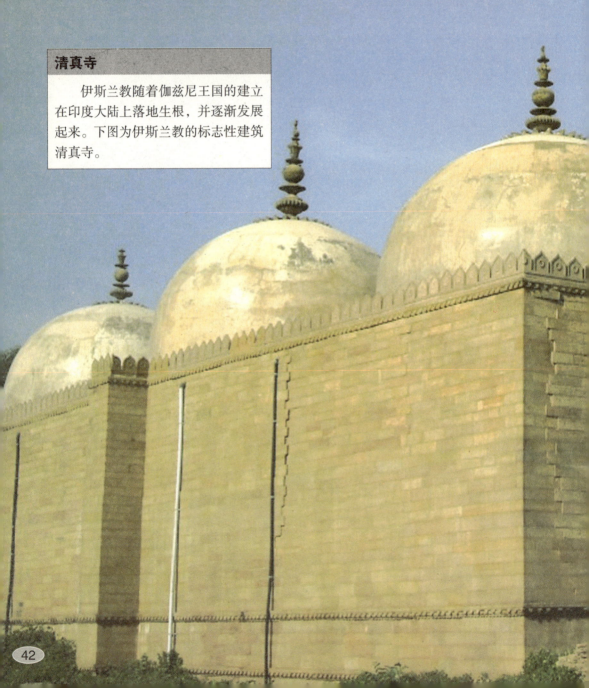

1030 年马茂德死去，伽兹尼国势也随之走向衰败。这时，原为伽兹尼藩属的古尔王公崛起。古尔王公家族也是突厥人，信奉伊斯兰教。1173~1174 年，古尔王公家族征服了伽兹尼国，建立了古尔王朝，定都古尔。

1192年，穆罕默德·古尔率12万大军攻占了德里，战胜了拉其普特人的乔汉国，为征服北印度打通了道路。古尔乘胜加大了进攻步伐，于1194年率领50000大军攻占北印度的圣城贝拿勒斯。在征途中，穆斯林们毁掉了大量印度教、佛教庙宇，并在原址上面建立了清真寺，而且足足用了14000匹骆驼向伽兹尼运送掠夺的财宝。此时，在北印度已没有任何国家可以和强大的穆罕默德·古尔抗衡了。

古印度文明

印度是人类早期四大文明发祥地之一，古印度文明以其丰富的内涵深深地吸引了世界的目光，并对亚洲乃至整个世界都产生了深远的影响。

古尔的一个部将伊克提亚尔相继攻占那烂陀寺、超岩寺，劫掠并毁坏了这两座印度最著名的佛教寺院，使诸多僧侣流亡异地。佛教在一瞬间遭到空前的毁灭性打击，东印度成了印度佛教最后残留的阵地。至此，佛教在印度几近消亡。

印度佛教

公元3世纪开始，印度佛教开始外传，并逐渐成为世界性的宗教。但由于外族的入侵和伊斯兰教的武力征服，印度佛教开始衰微，直至19世纪后才开始复兴。

古尔国王吉亚斯丁于 1202 年病逝，穆罕默德·古尔继承王位。1205 年，西旁遮普科卡尔人起来反抗，并试图攻占拉合尔。穆罕默德·古尔急率大军前来镇压。1206 年 3 月，穆罕默德·古尔在稳定局面后的回国途中遭仇敌暗杀，在印度河沿岸的达姆雅克去世。

穆罕默德·古尔对北印度的征服为随后德里苏丹国的建立提供了良好的条件。

突厥人于 1206 年在印度建立了国家。自伊勒图特米什苏丹统治时起，首都迁至德里，德里苏丹国即由此得名。德里苏丹国前后经历了 5 个王朝，共统治印度 320 年（1206~1526 年）。

第一个王朝史称"奴隶王朝"（1206~1290 年），其统治长达 84 年。"奴隶王朝"名称的渊源，充满着戏剧色彩。之所以叫"奴隶王朝"，是因为它的第一任国王（苏丹）库特卜和另外两位国王（苏丹）伊勒图特米什和巴勒班都曾是奴隶。

古印度地理范畴

就地理范围而言，古印度不仅指今天的印度，还包括巴基斯坦、孟加拉、不丹、尼泊尔等在内的整个南亚次大陆。

　　在先后经历了哈尔吉王朝、图格鲁克王朝、萨依德王朝及洛迪王朝后，德里苏丹政权也逐渐衰落。最终，王朝在内忧外患的形势下，于1526年被巴布尔一举推翻，结束了德里苏丹对印度的统治。

　　巴布尔（1482~1530年）由于拥有无人能敌的武功而获"老虎"绰号，是印度莫卧儿帝国的开国君主。

　　在1526年4月爆发的旁尼帕特战役中，巴布尔依靠丰富的战争经验和精良的火炮优势，以少胜多，战胜兵力是自己4倍的洛迪王朝末王易卜拉欣，终结了德里苏丹国在印度的统治。

巴布尔死后，其儿子胡马雍继承
王位,胡马雍是一位仁慈宽厚的"文"皇
帝。正是他的性格和个人偏好致使巴
布尔奠定的莫卧儿帝国的大片疆域在
他手里流失。但胡马雍的儿子阿克巴
却隔代承袭了其祖父巴布尔好战的性
格，他在位期间不仅收复了其父胡马
雍时期的失地，还使莫卧儿帝国的版
图得到拓展，阿克巴因此成为中世纪
统一印度南北的最杰出的君主。

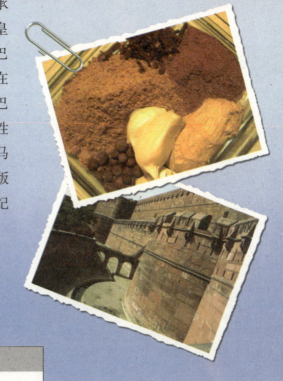

印度教徒心中的圣河

恒河是印度北部的大河,自远古以来
一直是印度教徒的圣河。其大部流程为宽
阔、缓慢的水流,流经世界上土壤最肥沃
和人口最稠密地区之一。自古流传的神话
使印度人民对恒河有着无限的遐想,每个
印度教徒的心中都有着一个梦想，那就是
自己一生中至少要在恒河中沐浴一次,让
圣河洗净生生世世所有的罪业。

在 15 年的时间里，阿克巴用武力结合怀柔的手段统一了北印度。他又用 16 年时间把版图扩展到遥远的西北地区。最后，他又用了 3 年的时间，征服了南方的几个王国，继而建立了一个强大的莫卧儿帝国。

阿克巴不仅尊重各民族不同的宗教信仰，也善于理财和用人，从而使印度国内矛盾缓和，人民安居乐业。

伊斯兰教建筑

莫卧儿帝国多信奉伊斯兰教，在其统治印度时期各地建造了大量伊斯兰教建筑，这些建筑的穹顶有很大改进，清真寺和陵墓多以大穹顶为中心作集中式构图，四角有形状相似的小穹顶衬托。

　　1605 年 10 月，阿克巴去世。他的儿子贾汉吉尔和孙子沙杰汗继续强有力地统治印度 50 多年（1605~1657 年），自阿克巴至沙杰汗统治的这一时期成为莫卧儿帝国兴盛、封建经济发展的重要时期。后期莫卧儿王朝的历史是一段战乱纷起、民不聊生、帝国主义入侵加剧并最后确立对印度殖民统治的历史。

辉煌灿烂的两河文明

在距今 6000 多年前的美索不达米亚平原出现了人类最早的文明之一。经过几千年的沧桑,那些古老的王国只留下点点遗迹,似乎在诉说着它们昔日的辉煌。美丽的神话传说、先进的科学技术……无一不说明两河文明的不朽与伟大。

两河流域

两河流域主要是指在底格里斯河和幼发拉底河之间的苏美尔地区。

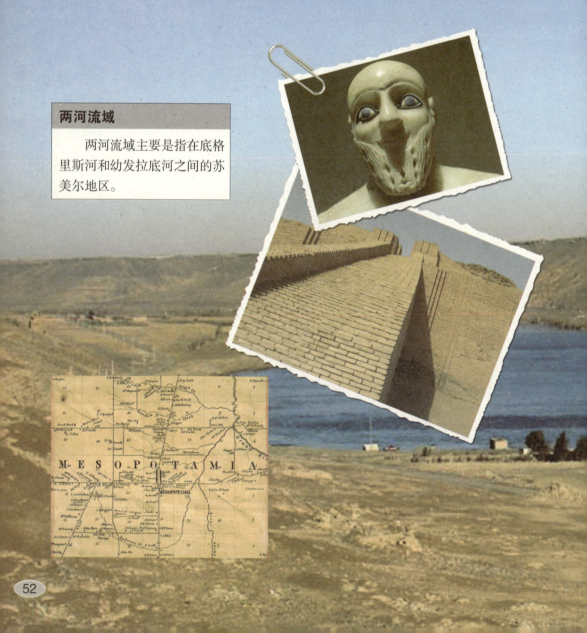

两河文明的历史及文化

　　公元前 4000 年前后，来自东部山区的苏美尔人是两河流域文明的最早创造者。他们会制陶，并发明了文字，考古资料显示，当时两河流域正处在原始社会的解体时期。公元前 3500 年，苏美尔人建立了城邦。公元前 24 世纪，苏美尔人的多个城邦被阿卡德王国所灭，成为中央集权的专制大国。

　　萨尔贡一世是阿卡德王国的创建者，阿卡德王国国力强盛时疆界东到伊朗西部，西到叙利亚和小亚细亚。阿卡德王国于公元前 2193 年覆灭。此后，两河流域小国林立，一片混乱。乌尔城的乌尔纳木于公元前 2112 年前后统一了苏美尔地区，建立了乌尔第三王朝，在政治上实行中央集权制度。公元前 2006 年，乌尔第三王朝被埃兰人和阿摩利人所灭。公元前 1894 年，阿摩利人建立了巴比伦城。

　　起初，巴比伦比较弱小，到第六代国王汉谟拉比执政时期巴比伦逐渐强大，汉谟拉比统一两河流域，建立了古巴比伦王国，并颁布了《汉谟拉比法典》。公元前 1595 年，巴比伦王国被赫梯人所灭。

　　大约在公元前 10 世纪末，亚述王国在几经兴衰后终于崛起，成为强大的帝国。公元前 605 年亚述帝国被迦勒底人所灭。

　　公元前 626 年迦勒底人在巴比伦建国，史称新巴比伦王国，或迦勒底王国。在尼布甲尼撒二世时，新巴比伦王国占领了叙利亚、腓尼基、巴勒斯坦，灭了犹太王国，俘虏"巴比伦之囚"，帝国兴盛一时。也就是在这一时期，新巴比伦王国修建了空中花园，重建马尔杜克神庙。公元前 538 年，新巴比伦王国被波斯帝国所灭。

古巴比伦神话

　　古巴比伦流传下来的神话以《吉尔伽美什》为代表，这部神话是世界上最早的叙事长诗，其中的神话人物主要是恩吉都、女神伊什干塔尔等。

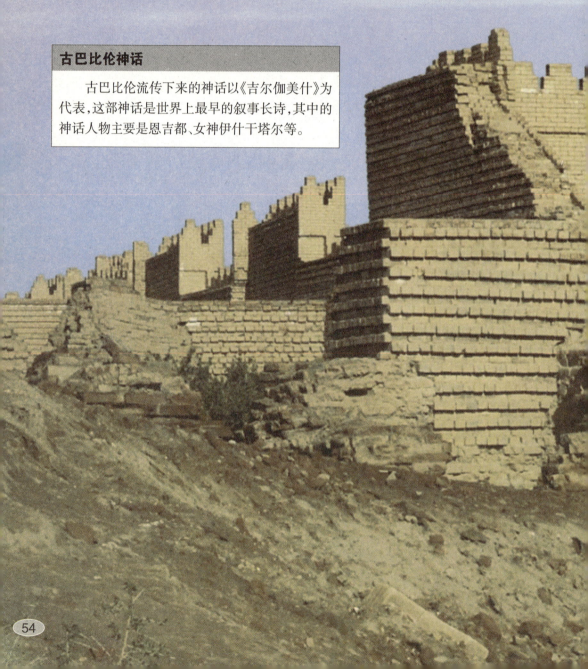

亚述帝国

　　底格里斯河上游的亚述城邦在后人闻所未闻的一系列事件中走向鼎盛。公元前 20 世纪初期,印欧语系民族入侵小亚细亚东部。米坦尼人在叙利亚和美索不达米亚北部建立了包括亚述在内的独立王国,而赫梯人则在更北面的安纳托利亚岩石高原建立了国家。

亚述帝国

　　亚述帝国是世界历史上第一个可以称得上是"军事帝国"的国家,帝国的历代君王都是在不断的对外征战中使亚述帝国变得更加强大的。

大约公元前 1360 年前后，亚述逐渐强大起来。亚述帝国的版图在几个有魄力的君主统治下不断扩大，最后不仅囊括了美索不达米亚本土，而且还包括了周边地区。公元前 911~ 公元前 627 年，亚述帝国达到了鼎盛期，其势力从西奈半岛延伸到亚美尼亚。公元前 671 年，亚述人征服了埃及。

古巴比伦王国

　　历史上曾经有两个巴比伦王国，这里介绍的是古巴比伦王国，这是为了和后来的新巴比伦王国相区别而命名的。古巴比伦的崛起标志着美索不达米亚文明进入了第二个重要阶段。

古巴比伦雕塑

　　古巴比伦时期的雕塑艺术发展缓慢，没有太多艺术价值极高的作品，但其历史意义是无法磨灭的。左图为古巴比伦时期雕塑作品的遗迹。

约在公元前 1894 年，来自叙利亚草原的阿摩利人占领了幼发拉底河下游岸边的一个小镇——巴比伦，建立了国家。争强好胜、骁勇善战的阿摩利人四处征讨，最终建立了强大的巴比伦王国，史称"古巴比伦王国"。因此，阿摩利人也被称为巴比伦人。巴比伦人继承了苏美尔人和阿卡德人的文明成就，并发扬光大，把美索不达米亚文明发展到了极至。

巴比伦第一王朝的第六位国王汉谟拉比是古巴比伦历史上最杰出的国王（约前1792~前1750年在位），可以说是他缔造了巴比伦王国。他登上王位后，立即着手进行统一两河流域的战争。汉谟拉比采取了比较灵活的外交政策，先是与拉尔撒结盟，消灭了伊新；接着又与马里联合，征服拉尔撒；消灭拉尔撒后，他又掉转矛头挥兵直逼马里城下，迫使马里俯首称臣。除北部的亚述，汉谟拉比基本上统一了两河流域，最后定都巴比伦城。

汉谟拉比法典

汉谟拉比颁布的法典为后人研究古巴比伦社会经济关系和西亚法律史提供了珍贵材料，因此汉谟拉比被后世誉为古代立法者，其在世界历史上具有重要影响。

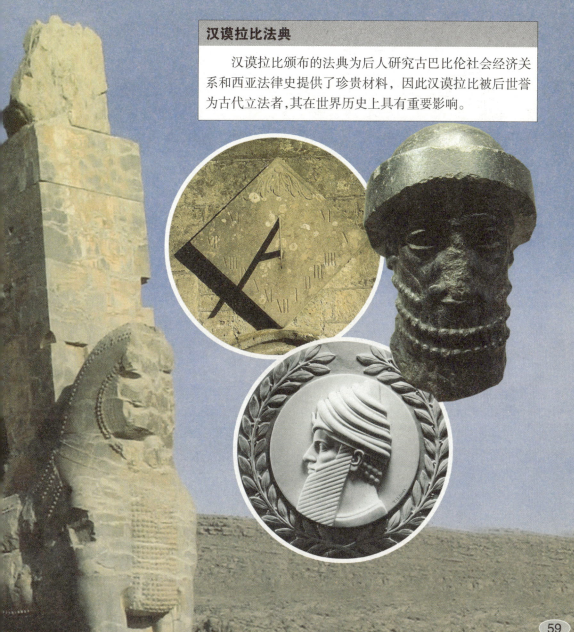

　　《汉谟拉比法典》的颁布是汉谟拉比最大的贡献。这部著名法典的前言,对汉谟拉比的神化和伟大功勋的赞颂非常独特:当诸神郑重提及巴比伦之名时,当诸神在全世界特别选定巴比伦,并在这里建立一个坚不可摧的王国……你当教化万民、增进福祉……你满足了百姓的需要,你保全了巴比伦的生命财产,你确是我们的忠心奴仆。你的所作所为,使我们深感高兴。

君权神授

　　记载《汉谟拉比法典》的石柱上端是汉谟拉比王站在太阳和正义之神沙马什面前接受象征王权的权标的浮雕,以象征君权神授。

新巴比伦王国

　　约在公元前 1595 年，古巴伦王国灭亡。800 多年后，一支迦勒底人从西部沙漠迁来，在古巴比伦遗址上建立了其历史上最后一个独立王国，使古巴比伦帝国昔日的辉煌得以再现。

　　迦勒底人建立的巴比伦王国被称为"新巴比伦"，这是为了与被赫梯人灭掉的古巴比伦王国相区别开而命名的。

新巴比伦王国

　　新巴比伦王国虽然短暂，但它存在的时期却是两河流域历史上奴隶制经济最繁荣的时期，新巴比伦王国在两河流域历史上留下了深深的印记。

尼布甲尼撒二世是新巴比伦王国最著名的国王,在他统治时期,新巴比伦王国的政治环境良好,经济生活繁荣。

巴比伦新城区在河对岸,横跨幼发拉底河的大桥将其与旧城联系起来。城墙高大而坚固,并有一段架在河上,不仅是抵御敌人的屏障,而且还是保护城池不受河水泛滥之害的保障。但不幸的是,幼发拉底河穿过城墙成了多年后外敌入侵的一条通道。

"空中花园"得名原因

由于花园比宫墙还要高,给人感觉像是整个御花园悬挂在空中,因此被称为"空中花园",又叫"悬苑"。

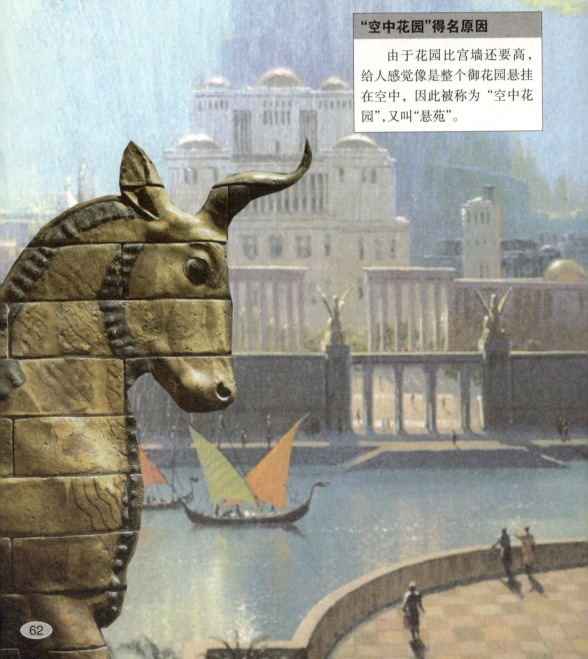

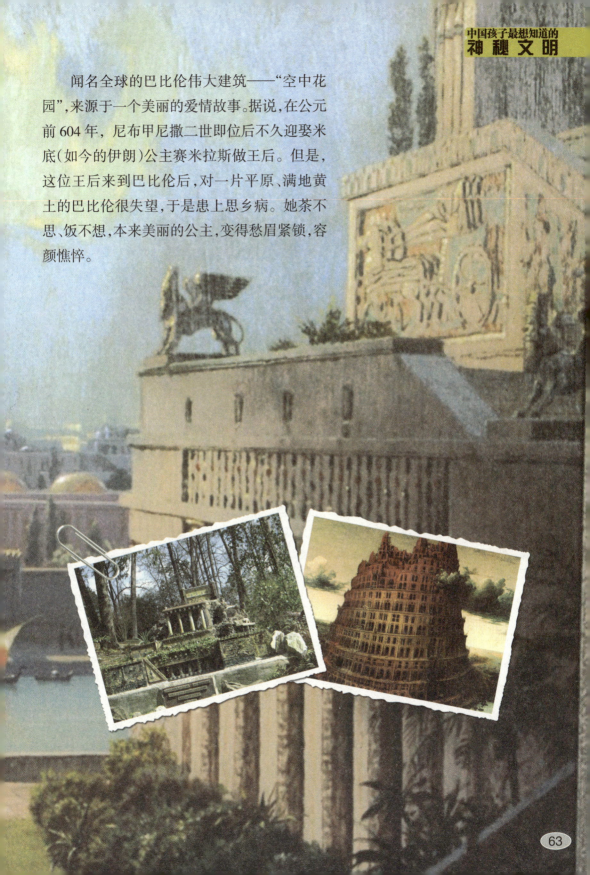

　　闻名全球的巴比伦伟大建筑——"空中花园"，来源于一个美丽的爱情故事。据说，在公元前604年，尼布甲尼撒二世即位后不久迎娶米底（如今的伊朗）公主赛米拉斯做王后。但是，这位王后来到巴比伦后，对一片平原、满地黄土的巴比伦很失望，于是患上思乡病。她茶不思、饭不想，本来美丽的公主，变得愁眉紧锁，容颜憔悴。

　　这下可急坏了尼布甲尼撒二世。原来王后的故乡在伊朗高原,那里山峦叠嶂,森林茂密。可是,在巴比伦连一块石头都不易找到。于是,他下令召集了几万名能工巧匠,为王后建造了"空中花园"。

　　国王尼布甲尼撒二世在位期间(前604~前562年),新巴比伦王国国势最为强盛,人口达到10多万。由于新巴比伦王国的地缘优势,新巴比伦吸引了各国商人,成为当时亚洲西部最著名的商业文化中心,被誉为"上天的门户",同时也大大发展了奴隶制经济。可是,在强盛的背后,新巴比伦潜伏着危机,被征服的外族人对巴比伦奴隶主的仇恨越来越深,奴隶主阶级内部争权夺利的矛盾也愈演愈烈。

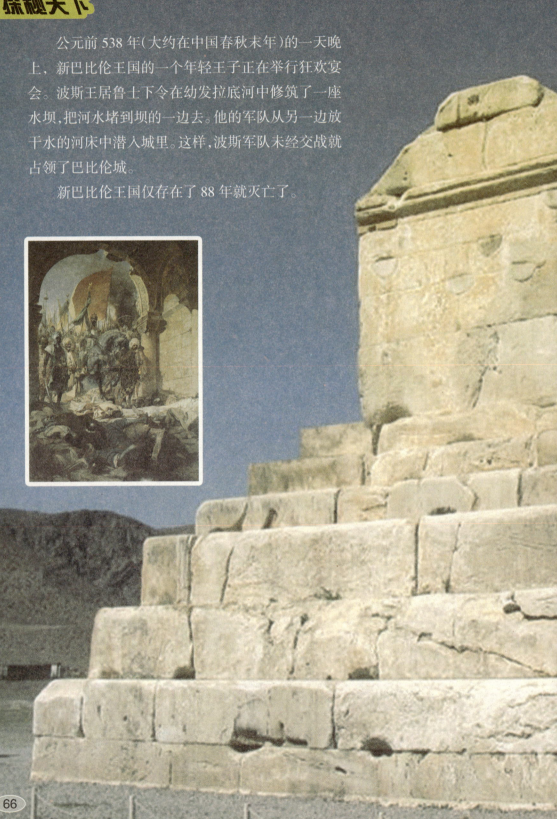

公元前538年(大约在中国春秋末年)的一天晚上，新巴比伦王国的一个年轻王子正在举行狂欢宴会。波斯王居鲁士下令在幼发拉底河中修筑了一座水坝，把河水堵到坝的一边去。他的军队从另一边放干水的河床中潜入城里。这样，波斯军队未经交战就占领了巴比伦城。

新巴比伦王国仅存在了88年就灭亡了。

语言文字

"楔形文字"这个名称是英国人取的,它来源于拉丁语,是楔子和形状两个单词构成的复合词。这个名称表现了古代美索不达米亚文字最本质的外在特征。其实同世界上其他民族的文字一样,楔形文字经历了从符号到文字的发展过程。

楔形文字

苏美尔人用削成三角形尖头的芦苇秆或骨棒、木棒当笔,在潮湿的黏土制作的泥版上写字,字的外形呈楔形,所以这种文字被称为楔形文字。

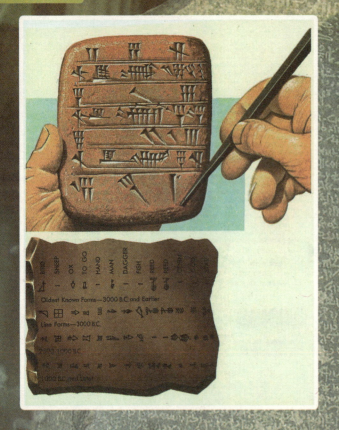

楔形文字是苏美尔人的一大发明。古老的苏美尔文字经图画文字最终演变成楔形文字,经历了几百年的时间,大约在公元前2500年才宣告完成。

大约在公元前2500年,苏美尔文字已发展为表词音节文字,即用发音符号代替表意符号,同声的词往往合用一个符号,一个符号也可以表示一个声音。例如"星"这个楔形字,在苏美尔语里发"嗯"音,如果用来表示发音的话,就与原来的"星"这个词的含义没有关联了,只表示发音,这就是表音符号,这是社会发展的必然性。

由于从公元前3000年起,苏美尔连年征战,统治者为给自己歌功颂德,所以记述征战过程的铭文逐渐增多,这时常常会出现一些专有名词,如攻占的城市及其统治者的名字,为把它们区别开来,苏美尔人开始使用发音符号。

在简化象形符号的过程中,苏美尔人开始用楔形符号代替象形符号,并最终创立了楔形文字。

Hieroglyphs

苏美尔人发明的楔形文字，是对世界文化的杰出贡献。苏美尔语的语言体系是绝无仅有的，在词汇、句法构造及文法上都别具特色，与后来属闪米特语系的阿卡德语，以及巴比伦语、亚述语有很大不同。可究竟应该把它归为哪个语系派别，语言学界至今还无定论。因此，苏美尔语同苏美尔人一样，至今仍是个谜。此外，苏美尔语存在的时间比较短暂，在巴比伦王汉谟拉比执政后便成了废语，不再通行，只有祭司们在举行宗教仪式时使用。

合金的发明者

苏美尔人很神奇，他们在没见过森林、矿物质甚至石头的情况下，掌握了地质学的知识。他们还懂得矿石的知识，制造出了世界上第一种合金和青铜。

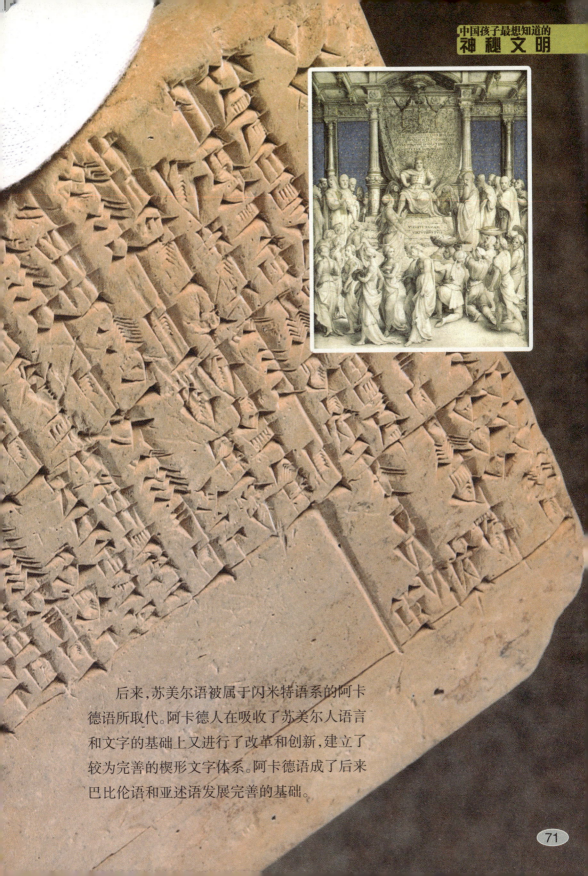

后来，苏美尔语被属于闪米特语系的阿卡德语所取代。阿卡德人在吸收了苏美尔人语言和文字的基础上又进行了改革和创新，建立了较为完善的楔形文字体系。阿卡德语成了后来巴比伦语和亚述语发展完善的基础。

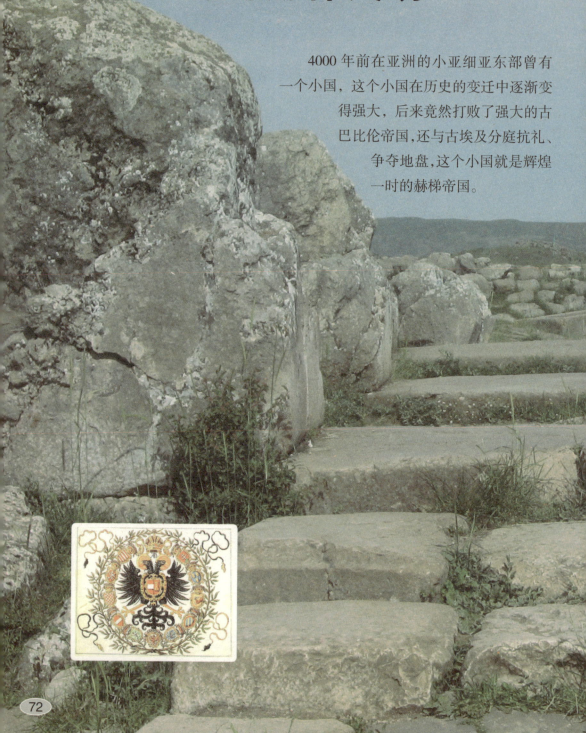

兴盛一时的赫梯文明

4000 年前在亚洲的小亚细亚东部曾有一个小国，这个小国在历史的变迁中逐渐变得强大，后来竟然打败了强大的古巴比伦帝国，还与古埃及分庭抗礼、争夺地盘，这个小国就是辉煌一时的赫梯帝国。

帝国演变史

　　赫梯文明发源于小亚细亚东部的高原山区，这里的原始居民称为哈梯人，约公元前 2000 年，一支属于印欧人的涅西特人迁入此地，与当地的哈梯人逐渐同化，形成了赫梯人。

　　赫梯国家大约形成于公元前 19 世纪中叶，初为小国，后来演变为以哈图斯（今波加科斯）为中心的城邦联盟。公元前 17 世纪，拉巴尔纳（约前 1680~ 前 1656 年在位）获得库萨尔王位，始建赫梯古王国。拉巴尔纳之子哈图西里一世使北部叙利亚的阿拉拉赫臣服于自己，还战胜了该地区的乌尔苏和哈苏这两大城市。

　　哈图西里一世死后，在被库萨尔征服的地区发生了人民起义，王亲贵族们镇压了这次起义，并迁都哈图斯。哈图西里及继承者穆尔西里两人的征服活动使赫梯成了当时亚洲的一个大国。

穆尔西里一世最终死于宫廷阴谋。从此,赫梯王国陷入了王位争夺的内战之中。直到公元前16世纪后期,赫梯国王铁列平确立了王位继承法,这才解决了赫梯王国的王位继承问题。

铁列平确定了王位继承的原则,即首先应由长子继承王位,长子如果不在,由次子继承,依此类推;如果没有王子继承,就让长女选择丈夫做国王。王室内部互相争斗杀戮的问题也得到解决:国王不得任意杀戮其他兄弟姊妹,王室内部纠纷由彭库斯会议(公民会议)做出裁决,国王亲属犯了罪,只由其本人负责,不得牵连家属,也不得没收其财产。这次改革使赫梯的王权得到巩固,国势日盛。

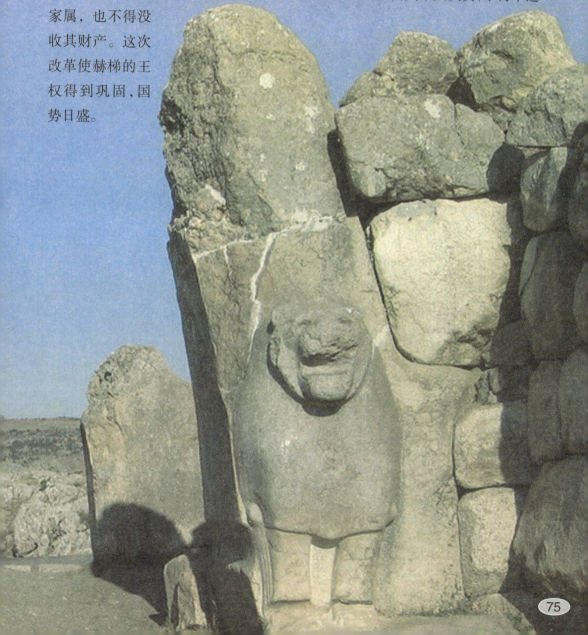

之后的赫梯君主苏皮卢利乌玛斯一世，在完善都城哈图斯城的防御之后，发动了对米坦尼的战争，收复伊苏瓦城，继而攻占其都城瓦苏冈尼，消灭了米坦尼王国，叙利亚中部部分地区归于赫梯版图。

苏皮卢利乌玛斯一世死后，由长子阿尔努旺达二世即位。仅一年后，他便死于宫廷阴谋。赫梯由其幼子姆尔希理二世统治，这位骁勇善战的年轻皇帝，在迎娶代表战争女神伊修塔尔的国家最高女祭司为侧妃后，攻陷了卡赫美士城，完成了对叙利亚的征服。

同年，被称为世界中心的巴比伦加喜特王朝，也迫于赫梯帝国强大的军事实力，向姆尔希理二世敬献公主作为其侧妃，之后便龟缩在巴比伦尼亚平原的一隅苟延残喘。从此，赫梯帝国正式成为包括美索不达米亚平原和安那托利亚高原在内的广阔土地之上的主角。

虽然赫梯在公元前1595年攻陷巴比伦城，击溃巴比伦王国后饱掠而归，但赫梯最强大的时候却是在公元前15世纪末至公元前13世纪中期。此间，他们抢夺埃及的领地，与埃及争霸。埃及第十九王朝的法老们，都与赫梯交过手。公元前1283年，赫梯与埃及的军队在卡迭什会战，两败俱伤，最后签订了迄今传世的最古老和约。人们正是通过研究埃及史，才了解到赫梯的存在。与埃及的争霸使赫梯元气大伤，之后内乱不断，走向衰落。

公元前13世纪末，"海上民族"腓力斯人席卷了东部地中海地区，赫梯王国亦被其肢解，小亚细亚和叙利亚各臣属国家奋起反抗，赫梯国家随即崩溃。公元前8世纪，残存的赫梯王国被亚述帝国所灭。

赫梯学

随着欧洲人殖民扩张规模的加大,人们也逐渐认识到了埃及的古老历史,在对埃及历史的研究中,人们又了解到一个赫梯国家的存在。

赫梯法典

赫梯法典的内容包括社会经济生活、国家义务和婚姻关系等各个方面。同时规定了买卖、租借和雇佣价格、犯罪和量刑等内容。

《赫梯法典》

刻在泥版上的《赫梯法典》是用赫梯语写成的，它出土于赫梯都城内的神庙和王室档案库。《赫梯法典》的最早编撰时间大概在赫梯古王国时期，共计200条。关于条款成文年代的断代问题，有人提出了赫梯法典条款"后古王国"的说法。不管怎样，赫梯法典的部分条款很可能是在赫梯历史中的不同阶段被重新编撰和修订的。

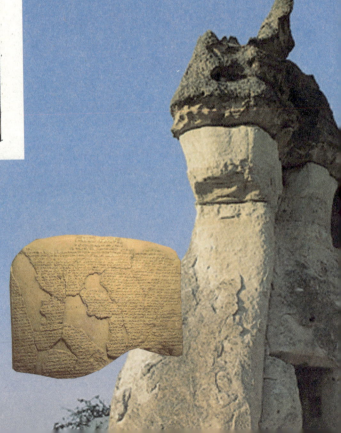

《赫梯法典》的特别之处在于它是目前为止唯一一部"重民轻刑"的法典。它虽以刑事规范开篇，整部法典也规定了杀人、伤害、盗窃、放火、破坏判决、污染水源等多种罪名，但是除了对少数性质严重的犯罪规定了刑罚之外，一般犯罪多采用民事赔偿、补赎的方式加以处理。在刑事制裁之外，还规定了大量的免责条件，使得实际处以刑罚的犯罪就更少了。

　　总体而言,《赫梯法典》除具有楔形文字法的一般特征之外,它在内容上又带有浓重的民众色彩,在东方古代法中颇具特色。

　　《赫梯法典》的译注工作在国外很早就受到重视,也取得了一些重要的研究成果。这部法典在 20 世纪 50 年代就有了中文译本,并且自那时起就受到了中国学者的高度重视,这些年也取得了很多的新成果。

第二章 欧洲文明

　　欧洲是世界上人口密度最大的一个大洲，也是世界上语言种类最丰富的地区之一。这里孕育出的巨石文化、爱琴文明等，在人类文明发展史上留下了灿烂的篇章。

魅力四射的古希腊文明

西方文明起源于希腊。古希腊的人文和科学精神是西方文明重要的思想来源。德谟克利特的原子论、毕达哥拉斯的数的审美主义、亚里士多德的逻辑方法更成为西方近代科学产生的三个重要思想前提。

古希腊文明简介

　　古希腊是西方文明的源泉，爱琴海区域又是古希腊文明的发源地。爱琴文明发源于克里特岛，后来文明的中心又转至迈锡尼，因此爱琴文明亦被称为"克里特—迈锡尼文明"。

　　公元前2000年，克里特岛上出现了欧洲最早的奴隶制国家克诺索斯。公元前1450年前后，希腊人主宰克里特岛，并逐渐与当地原有居民融合，克里特文明随之湮灭。公元前16世纪上半叶出现了迈锡尼文明，分布在希腊大陆及爱琴海诸岛。该文明得名于希腊最强大王国的首都迈锡尼。爱琴文明是古希腊文明的开端，它前后历时800年而后衰亡。

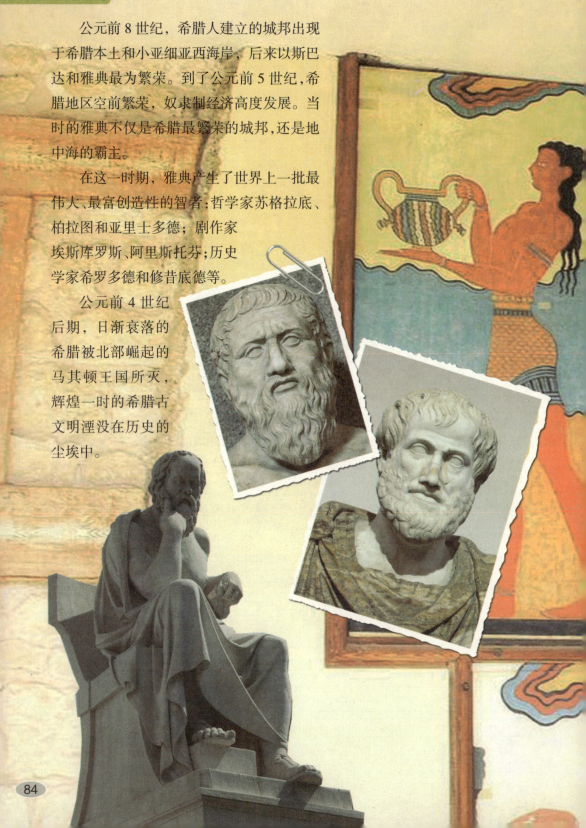

公元前 8 世纪，希腊人建立的城邦出现于希腊本土和小亚细亚西海岸，后来以斯巴达和雅典最为繁荣。到了公元前 5 世纪，希腊地区空前繁荣，奴隶制经济高度发展。当时的雅典不仅是希腊最繁荣的城邦，还是地中海的霸主。

在这一时期，雅典产生了世界上一批最伟大、最富创造性的智者：哲学家苏格拉底、柏拉图和亚里士多德；剧作家埃斯库罗斯、阿里斯托芬；历史学家希罗多德和修昔底德等。

公元前 4 世纪后期，日渐衰落的希腊被北部崛起的马其顿王国所灭，辉煌一时的希腊古文明湮没在历史的尘埃中。

爱琴海区域的古文明

爱琴文明是指公元前 2000~ 公元前 1200 年的爱琴海域的上古文明,因围绕爱琴海区域而得名。它包含从公元前 2000 年到公元前 1200 年存在于地中海东部的爱琴海岛、希腊半岛及小亚细亚西部的欧洲青铜时代的文明。爱琴文明产生的时间在希腊文明之前,是最早的欧洲文明,也是西方文明的源泉。

　　爱琴文明的发现是世界近代考古学上的一项伟大成果。所谓爱琴文明是指爱琴海区域的青铜器文明。爱琴文明的两大中心是克里特岛和伯罗奔尼撒半岛东岸的迈锡尼。当时，原始氏族制度渐渐解体，奴隶制国家随之产生，并创造了灿烂辉煌的文化，成为目前已知的欧洲古代文明的源头。

　　经过地下发掘和考古证实，爱琴海诸岛和希腊本土在公元前3500~公元前3000年间逐渐由新石器文化转向早期青铜文化。到公元前2000年后，克里特岛建立了奴隶制小国家，后来便以克诺索斯为中心建立了统一的王权，产生了米诺斯文明。一部分希腊人在公元前1900年开始移居中部，在米诺斯文明影响下，接受了早期希腊文明，并于公元前1600年建立了国家，产生了迈锡尼文明。根据考古学者们的研究，从公元前2000~公元前1450年，米诺斯文明分为旧王宫和新王宫两个阶段；约从公元前1600~公元前1200年，是迈锡尼文明产生和发展的时期。

爱琴海

　　爱琴海的地理位置在希腊半岛和小亚细亚半岛之间，是地中海的一部分。据说在古时候，有一个叫爱琴城的地方。这里有一个叫爱琴的亚马逊女王，她葬身于海中，后来这个海就改名为爱琴海了。

目前所知,希腊古典文明最早的发源地是克里特。大约在新石器时代（约前4500年～前3000年）,这里已有人居住。到公元前3000年,克里特进入金石并用的时代。公元前30世纪末期,这里的原始社会逐渐解体。大约从公元前2000年起,克里特进入青铜时代,奴隶制国家也随之产生了。

奴隶制城邦国家形成后，克里特岛上出现了规模较大的王宫。奴隶制小国都以王宫为中心，克诺索斯是当时各国联盟之首。克诺索斯最大的王宫大约在公元前1800~公元前1700年间建成。此后，克诺索斯的米诺斯王朝逐步统一了克里特岛，并以克诺索斯为首都。

文明摇篮

克里特岛是希腊的第一大岛。此地风景优美，仿佛是爱琴海最南面的一个皇冠。它是希腊神话的发源地，也是西方文明的摇篮。

公元前 15 世纪，米诺斯文明走入了低谷。公元前 1450 年前后，希腊本土日渐强大的迈锡尼在控制了伯罗奔尼撒半岛和爱琴海诸岛后，占领了克诺索斯王宫。这一历史变故，表明了米诺斯文明将退出历史的舞台，而被迈锡尼文明所取代，爱琴文明也由克里特文明时期转入迈锡尼文明时期。

陶器

　　迈锡尼地区出土过很多风格、大小不一的陶器，如罐子等。它们有的具有很强的实用性，而有些则是非常奢华的工艺品。

　　公元前1200年前后，迈锡尼文明由极盛渐渐走向衰落。此时，与迈锡尼贸易交流频繁的埃及、赫梯等国家也面临着衰落，迈锡尼因贸易减少，经济受到影响。一方面迈锡尼经常遭到外族袭扰，社会动荡；另一方面国内阶级矛盾日益剧烈，政局开始动荡不稳。考古研究中体现出的频繁修筑城堡，以及希腊神话传说中隐约提及的王朝频繁更替的迹象，都对这些情况有所反映。

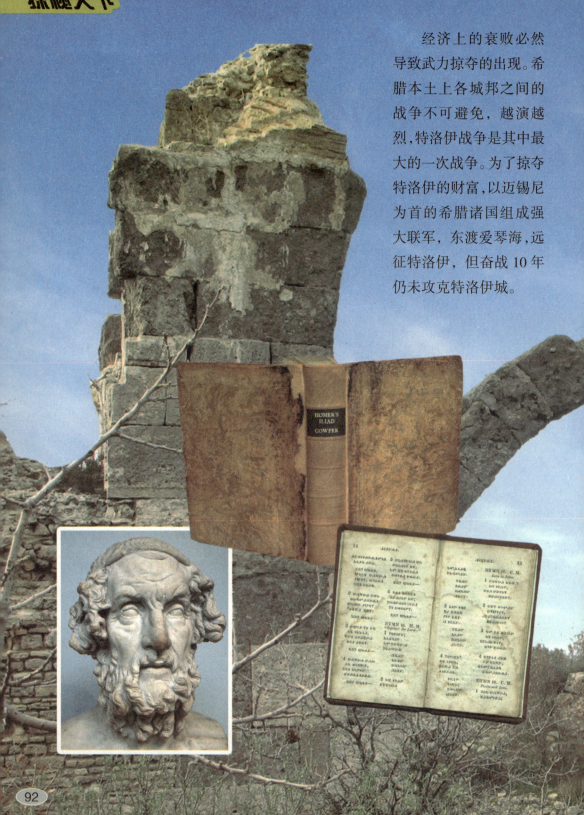

经济上的衰败必然导致武力掠夺的出现。希腊本土上各城邦之间的战争不可避免，越演越烈，特洛伊战争是其中最大的一次战争。为了掠夺特洛伊的财富，以迈锡尼为首的希腊诸国组成强大联军，东渡爱琴海，远征特洛伊，但奋战 10 年仍未攻克特洛伊城。

据说，最后希腊人使用了"木马计"才夺取胜利。但是，这场战争对希腊人来说不仅国力未振，反而损失惨重，许多人战死沙场，幸存回国者也难免厄运。

由此可见，特洛伊战争的最后结果是特洛伊被毁灭，迈锡尼文明日渐衰落。希腊人的另一部族多利亚人从希腊北部乘虚而入，逐步征服了迈锡尼等国，迈锡尼文明随之中断，希腊历史进入了一个新的阶段。

木马计

希腊人久攻不下特洛伊，他们便想出了一个木马计打败了特洛伊人。

希腊人佯装从特洛伊撤退，但把一匹巨大的木马丢弃在营地。被"胜利"冲昏头脑的特洛伊人把木马作为战利品运回城内。木马里面早已埋伏好的希腊士兵就这样轻易潜入城内，里应外合，攻取了特洛伊城。

古希腊文明的兴起

公元前 800 年左右，在经历了 400 年的"黑暗时代"后，希腊大地出现了希腊人建立的城邦。雅典是最重要的城邦之一，它在希波战争的紧要关头，拯救了希腊，成为希腊诸邦中的霸主。

希波战争是以雅典、斯巴达为首的希腊城邦抗击波斯帝国的战争。波斯帝国侵略扩张，引起希腊各城邦的反抗是战争的实质和原因。战争奏响了一曲以少胜多、以弱胜强的胜利之歌，从而改变了西方乃至整个世界的形势，有力地促进了希腊社会的变化和发展。

公元前 492 年，波斯海陆大军沿色雷斯海岸向希腊进攻，结果海军在驶近阿陀斯海角时遭遇大风暴，大部分舰艇沉入海底，两万海军葬身鱼腹。

公元前 490 年，大流士再次挥师进攻希腊，波斯海军越过爱琴海直扑希腊本土，先攻下爱列特里亚，然后乘船在雅典附近的马拉松登陆，企图一战拿下雅典。雅典全国紧急动员，近万名士兵急赴马拉松进行反击，这就是历史上著名的马拉松战役。雅典人以中路诱敌、两翼包抄的战术杀得波斯军队阵形大乱，伤亡惨重。溃败者狼狈地窜上舰船，离岸逃遁，雅典人大获全胜。

历史悠久

雅典城的历史已经超过了 3000 年，它是世界上最古老的城市之一，同时也是现代奥运会的发源地。

马拉松战役后不久,大流士就病死了。其子薛西斯继位后,加紧物资储备企图征服希腊。雅典人经过马拉松战役,懂得了怎样抗击波斯人的侵略。他们修造船舰加紧备战,联合希腊其他城邦结成反抗波斯的同盟。波斯人则在各地强行征用人、财、物,以充实军力随时准备向希腊再次宣战。公元前480年,由国王薛西斯亲率号称百万的海陆两路波斯军队,驾驶战舰沿色雷斯海岸再次向希腊发起进攻。而希腊联军只有11万陆军和400艘战舰。战争形势十分严峻,希腊人决心以炽热的爱国之心、勇敢顽强的意志和无比的机智来战胜侵略者。

古希腊

作为欧洲文明的发源地,古希腊在科技、数学、医学、哲学、文学、戏剧、雕塑、绘画、建筑等方面都取得了很大成就,为欧洲文明作出巨大贡献。

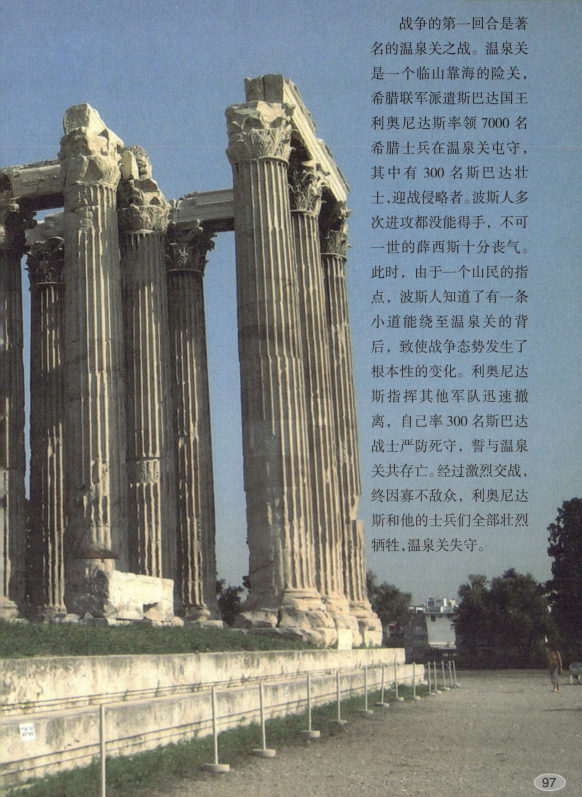

战争的第一回合是著名的温泉关之战。温泉关是一个临山靠海的险关，希腊联军派遣斯巴达国王利奥尼达斯率领 7000 名希腊士兵在温泉关屯守，其中有 300 名斯巴达壮士，迎战侵略者。波斯人多次进攻都没能得手，不可一世的薛西斯十分丧气。此时，由于一个山民的指点，波斯人知道了有一条小道能绕至温泉关的背后，致使战争态势发生了根本性的变化。利奥尼达斯指挥其他军队迅速撤离，自己率 300 名斯巴达战士严防死守，誓与温泉关共存亡。经过激烈交战，终因寡不敌众，利奥尼达斯和他的士兵们全部壮烈牺牲，温泉关失守。

温泉关失守后，波斯军侵入希腊本土，主攻雅典。雅典人民在海军统帅特米斯托克利指挥下，将妇女、儿童和财物转移到附近的岛上，成年男子应征入伍，准备在萨拉密湾与波斯人决一死战，决定胜负的萨拉密海战爆发在即。波斯军队入侵雅典后烧杀抢掠，骄横野蛮，更激起雅典军民奋起反击的决心，加之有温泉关战役 300 名斯巴达战士视死如归的战斗精神的鼓舞，他们信心十足，斗志昂扬。

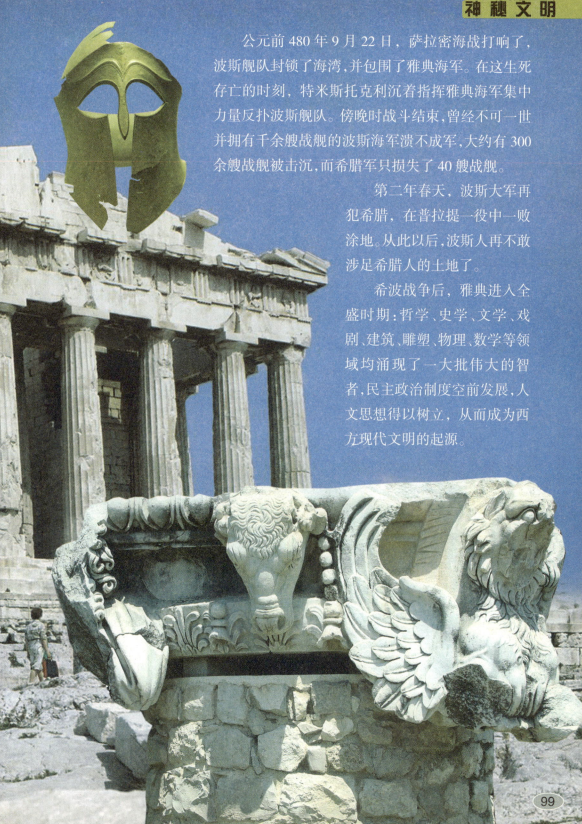

公元前 480 年 9 月 22 日，萨拉密海战打响了，波斯舰队封锁了海湾，并包围了雅典海军。在这生死存亡的时刻，特米斯托克利沉着指挥雅典海军集中力量反扑波斯舰队。傍晚时战斗结束，曾经不可一世并拥有千余艘战舰的波斯海军溃不成军，大约有 300 余艘战舰被击沉，而希腊军只损失了 40 艘战舰。

第二年春天，波斯大军再犯希腊，在普拉提一役中一败涂地。从此以后，波斯人再不敢涉足希腊人的土地了。

希波战争后，雅典进入全盛时期：哲学、史学、文学、戏剧、建筑、雕塑、物理、数学等领域均涌现了一大批伟大的智者，民主政治制度空前发展，人文思想得以树立，从而成为西方现代文明的起源。

希腊赢得了希波战争的胜利,使世界历史发生了改变。试想,若是波斯侵略希腊的野心得逞,那么希腊刚刚燃起的文明之火就很可能熄灭。希腊的胜利有力地挫败了波斯的扩张野心,使希腊古典文明得以继续,后来传至罗马,延及欧洲,逐渐形成了西方文明。可见,希腊人的胜利,不仅实现了保家卫国的目的,更使希腊的文明得以保存和延续,并走向繁荣。

绚丽缤纷的古罗马文明

西方文明起源于古希腊，而发扬光大于古罗马。古罗马文明在西方文明史上起着承前启后、继往开来的关键作用。古罗马文明在法律、建筑艺术、史学上作出了极大的贡献，至今仍对世界产生着深远的影响。

古罗马文明

正当希腊雅典文明在地中海东部沿岸蓬勃兴盛的时候，一个新兴的强大国家在西方崛起了，这就是位于意大利半岛上的罗马。

爱好竞技

古罗马人一直喜欢竞技。他们建造了很多大竞技场来作为观看和表演竞技的场所。

　　"罗马"一直以来都是一个绚丽夺目、撼动人心的名字。它既代表着一段灿烂的历史、一座古代名城,更代表着一种与古希腊文明不可分割的文明传统。罗马文明是西方文明起源的一个重要组成部分,在整个西方文明史上起着承前启后的作用,对现代文明的发展产生了深远的影响。

　　与西亚各古代国家和古埃及、古希腊文明的发展相比,古罗马文明的发展要晚得多。古罗马在其建立和治理庞大国家的过程中,吸收了先前发展的各古代文明的众多成果,并在此基础上创造了自己的文明。

罗马早期文明

王政时代是早期罗马的重要历史时期，即约公元前 753 年到公元前 509 年，约 100 多年的时间。相传，从罗慕洛创立罗马城起，先后经历了 7 个"王"。直到公元前 6 世纪后期有文字记载时，罗马才进入有史时期。

罗马崛起后疆域不断扩大，为了便于防守，最终在 7 座小山丘周围修筑了一道防御墙，因此后来罗马城被称为"七丘之城"。

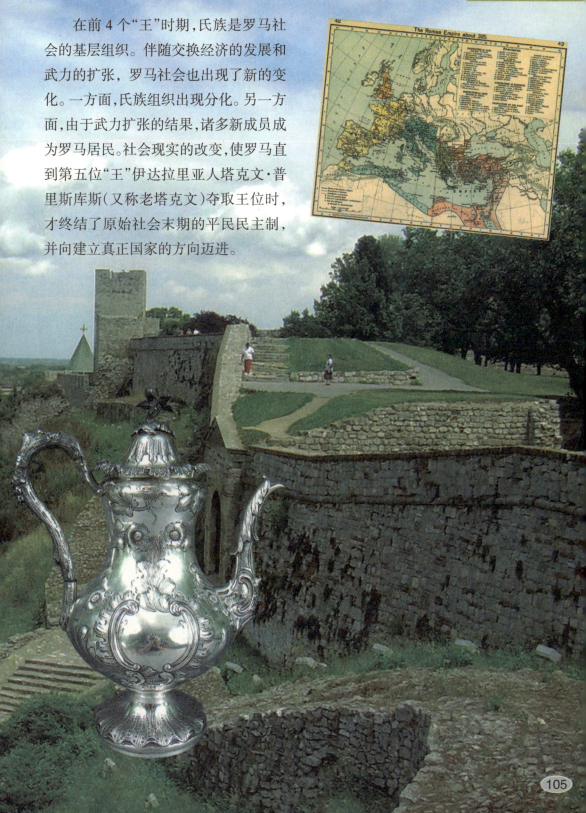

在前4个"王"时期，氏族是罗马社会的基层组织。伴随交换经济的发展和武力的扩张，罗马社会也出现了新的变化。一方面，氏族组织出现分化。另一方面，由于武力扩张的结果，诸多新成员成为罗马居民。社会现实的改变，使罗马直到第五位"王"伊达拉里亚人塔克文·普里斯库斯（又称老塔克文）夺取王位时，才终结了原始社会末期的平民民主制，并向建立真正国家的方向迈进。

105

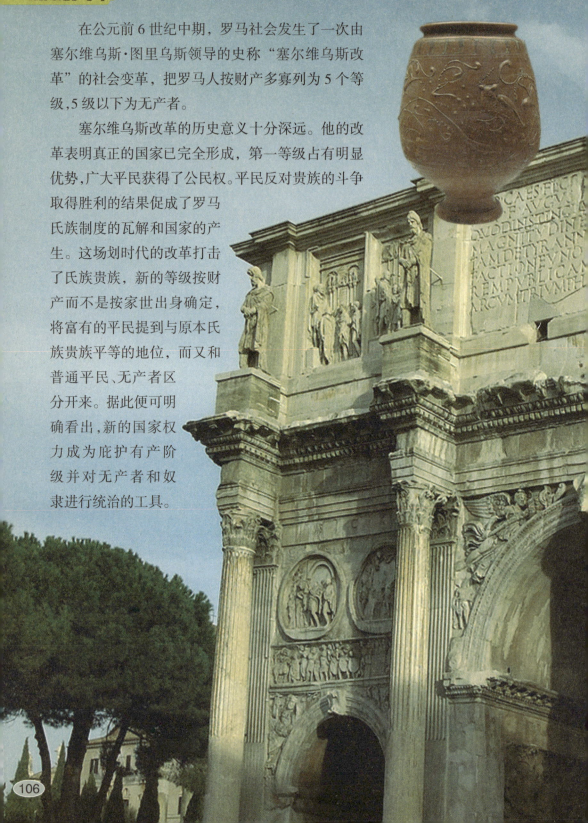

在公元前6世纪中期，罗马社会发生了一次由塞尔维乌斯·图里乌斯领导的史称"塞尔维乌斯改革"的社会变革，把罗马人按财产多寡列为5个等级，5级以下为无产者。

塞尔维乌斯改革的历史意义十分深远。他的改革表明真正的国家已完全形成，第一等级占有明显优势，广大平民获得了公民权。平民反对贵族的斗争取得胜利的结果促成了罗马氏族制度的瓦解和国家的产生。这场划时代的改革打击了氏族贵族，新的等级按财产而不是按家世出身确定，将富有的平民提到与原本氏族贵族平等的地位，而又和普通平民、无产者区分开来。据此便可明确看出，新的国家权力成为庇护有产阶级并对无产者和奴隶进行统治的工具。

塞尔维乌斯改革使古罗马居民经受了初步的民主洗礼，启蒙了广大公民的民主政治意识。这场社会政治改革不仅没有巩固王权，反而从根本上动摇了王权，为罗马走向民主共和制铺平了道路。公元前509年，当王政时代最后一位"王"塔克文·苏佩布（小塔克文）因专横跋扈、暴虐无道而激起人民的愤怒时，古罗马人高举义旗，坚决反对暴君。他们顽强反抗，推翻了塔克文·苏佩布的暴政，结束了王政时代，建立了罗马共和国。

古罗马法律

　　古罗马对西方文明的一大贡献就是建立了完备的法律体系。其中包括《市民法》、《自然法》和《国家关系法》。古罗马的《民法大全》对西方文明的影响仅次于《圣经》。

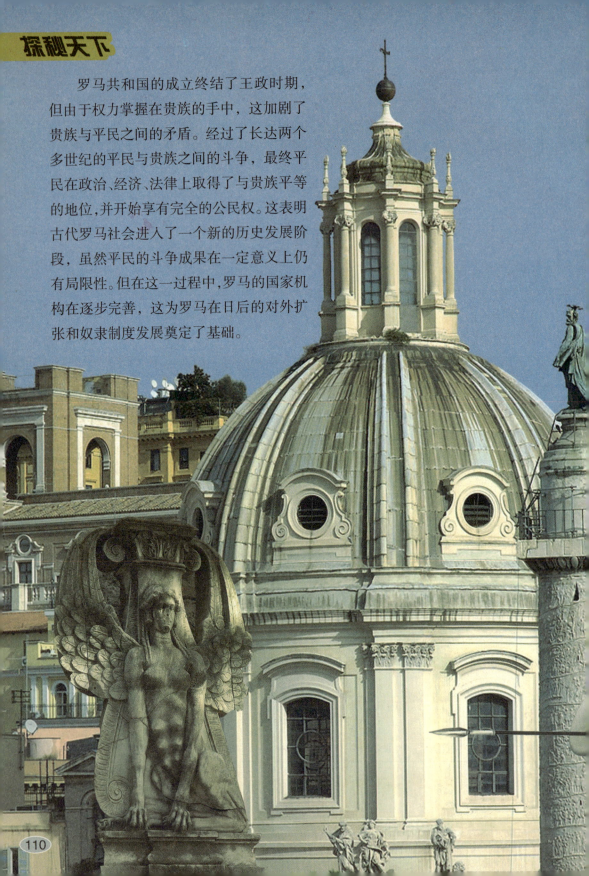

　　罗马共和国的成立终结了王政时期，但由于权力掌握在贵族的手中，这加剧了贵族与平民之间的矛盾。经过了长达两个多世纪的平民与贵族之间的斗争，最终平民在政治、经济、法律上取得了与贵族平等的地位，并开始享有完全的公民权。这表明古代罗马社会进入了一个新的历史发展阶段，虽然平民的斗争成果在一定意义上仍有局限性。但在这一过程中，罗马的国家机构在逐步完善，这为罗马在日后的对外扩张和奴隶制度发展奠定了基础。

通过对罗马前期历史的分析，我们可以找到一些罗马制胜的秘诀。首先，罗马的胜利是广大平民爱国之情和战斗积极性空前提高的结果。其次，优良的军事组织是罗马取得胜利的重要保证。再次，有效的对外政策也是罗马取得胜利的重要原因。

帝国的成长史同时也是一部残酷血腥的对外战争史。经过了与迦太基的三次大规模战争（史称"布匿战争"），以及在此期间对地中海东部的马其顿等国的多次战役，罗马终于实现了梦想已久的帝国梦。到公元前2世纪，罗马终于成为地中海世界的唯一霸主。

辉煌建筑

古罗马人具有极高的建造天赋，他们建造出的很多建筑都是充满了浪漫气息的经典作品。

鼎盛时期的罗马

经过扩张和对外征战后,进入鼎盛时期的罗马,国家的体制和性质已经发生了巨大变化。经过对外扩张,尤其是第三次布匿战争,罗马征服了整个地中海地区。大量战俘和被征服地区的平民沦为奴隶,其中有文化的希腊奴隶对罗马文明的发展起到了重要作用,同时也促进了罗马奴隶制经济的发展。另一方面,在长期的对外侵略中,罗马从外邦抢夺了大量金钱和财物,这些财富促进了罗马奴隶制经济和社会阶级关系的发展。

　　公元前 1 世纪,罗马政体尽管还是共和制,但实际上它已步入奴隶制帝国阶段。这时的罗马,奴隶制经济获得长足发展,并由此进入了古代奴隶制发展的高峰。奴隶制帝国统治使社会矛盾加剧,引起了奴隶起义和平民的斗争运动,使共和国晚期的历史呈现出纷繁复杂的情景。奴隶的斗争推动了罗马社会经济的变化和发展,使罗马科学文化也得到了空前的繁荣,并取得了绚丽璀璨的成果。

在那个奴隶斗争接二连三、英雄人物辈出的时代里,古罗马社会内部发生着急剧变化。连年不断的战争使贫富分化加剧,整个社会阶级矛盾和政治斗争达到极为尖锐的程度。公元前2世纪初,奴隶是古罗马社会中的主要劳动力。奴隶的来源有两种,一部分来自战俘和被征服地区的平民,另一部分是被债权人卖为奴隶的欠税或负债的人,还有一部分是被海盗在地中海沿岸掠夺来送到奴隶市场去贩卖的可怜人。

公元前2世纪中期,罗马奴隶制社会内部矛盾极为尖锐,奴隶和奴隶主之间的矛盾和斗争导致大规模的奴隶起义发生。

公元前73～公元前71年由斯巴达克领导的起义是西方古代史上影响最大的一次奴隶起义。起义军虽不断壮大,并一度给罗马统治者带来极大的恐慌,但终因起义力量的分化和罗马军队的围追堵截而失败。

角斗士

角斗士是古罗马时期一种特殊的职业。充任角斗士的人都是最底层的奴隶或是死囚,他们在经过了一段时间的训练后,就会与其他的角斗士或是猛兽争斗,以取悦于奴隶主阶层。

SVPER·VESTEM·MEAM
MISERVNT·SORTEM

斯巴达克领导的奴隶起义虽然失败了，但他为人类争取自由解放而斗争的伟大精神是永存的。马克思称赞斯巴达克是"一位伟大的统帅……具有高贵的品格，为古代无产阶级的真正的代表"。列宁曾说："斯巴达克是大约 2000 年前最大一次奴隶起义中的最杰出的英雄之一。"

断壁残垣

罗马的辉煌历史已经烟消云散，只剩那一堆断壁残垣来供后人凭吊。

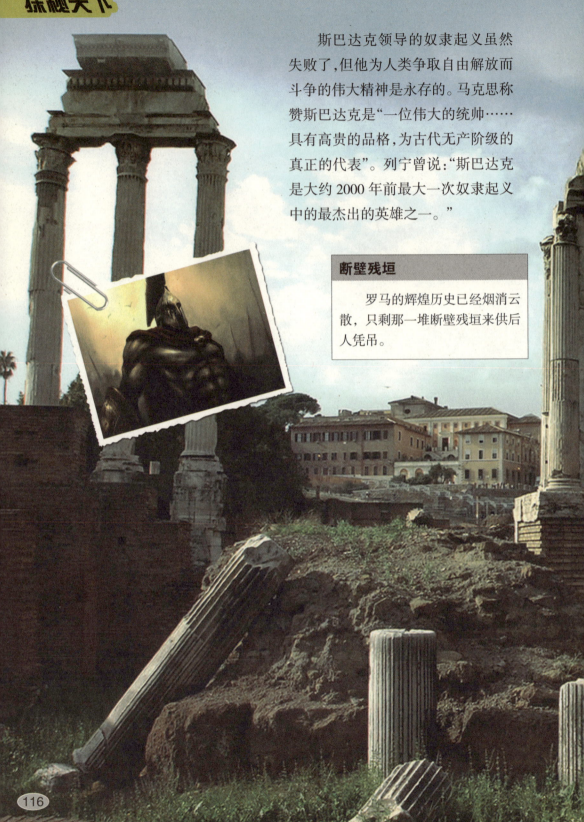

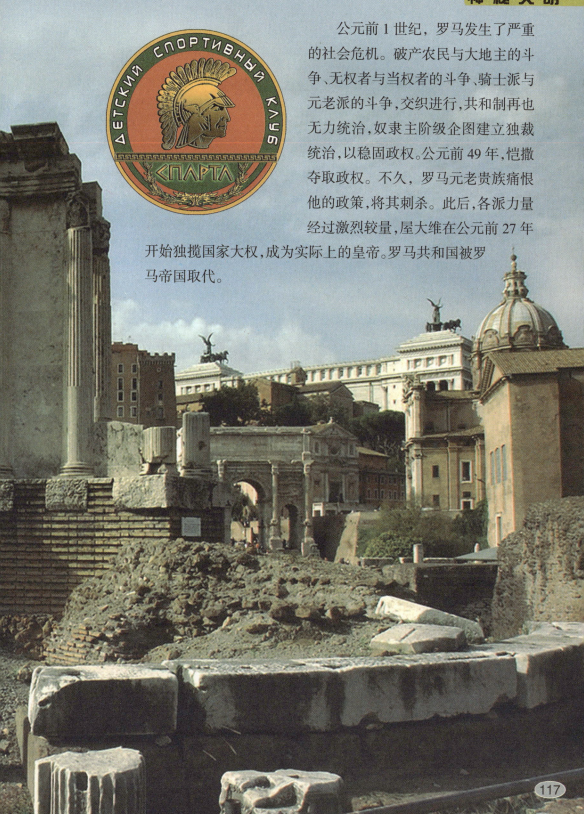

公元前 1 世纪，罗马发生了严重的社会危机。破产农民与大地主的斗争、无权者与当权者的斗争、骑士派与元老派的斗争，交织进行，共和制再也无力统治，奴隶主阶级企图建立独裁统治，以稳固政权。公元前 49 年，恺撒夺取政权。不久，罗马元老贵族痛恨他的政策，将其刺杀。此后，各派力量经过激烈较量，屋大维在公元前 27 年开始独揽国家大权，成为实际上的皇帝。罗马共和国被罗马帝国取代。

ΜΟΛΩΝ ΛΑΒΕ

ΤΟΝΔΕ ΑΝΔΡΙΑΝΤΑ
ΒΑΣΙΛΕΩΣ ΛΕΩΝΙΔΑ
ΣΥΝ ΤΩ ΗΡΩΩ ΤΟΥΤΩ
Ο ΕΚ ΛΑΚΕΔΑΙΜΟΝΟΣ
ΠΑΝΟΣ Σ. ΚΟΥΜΑΝΤΑΡΟΣ
ΤΗ ΣΠΑΡΤΗ ΑΝΕΘΗΚΕΝ
1968

　　罗马帝国实行元首制。屋大维时期,他实行了一系列积极的改革,促进经济和社会的发展,并对外扩张。屋大维死后,皇帝继承制取代了选举制,到安东尼王朝时期,罗马帝国空前强大,版图横跨欧、亚、非三大洲,地中海成为其内海。公元1世纪中叶,基督教兴起,并在公元2世纪~公元3世纪迅速传播。

　　帝国繁荣的背后,已有隐患。公元192年,安东尼王朝最后一位皇帝被刺杀,罗马帝国出现了近百年的混乱。到公元3世纪,人民起义越演越烈;住在北方的日耳曼人,也向帝国境内发起进攻。公元395年,内外交困的罗马帝国分裂为东、西两部分。公元476年,西罗马帝国皇帝被日耳曼人废掉,西罗马帝国灭亡了。西欧的奴隶社会历史也随之结束。1453年,东罗马帝国被奥斯曼帝国所灭。

罗马帝国延续了约 500 年（前 27~476 年），它与秦汉时期的中国一样，是古代世界强大的帝国之一。

古罗马创造的拉丁文字母成为许多民族文字的基础，境内产生的基督教对人类文化发展影响深远，罗马斗兽场、万神庙、庞培城等都是古代建筑的伟大典范。

古罗马的英雄崇拜

对于古罗马的奴隶来说，只要打败了更多了角斗士，你的社会地位就会得到提高。

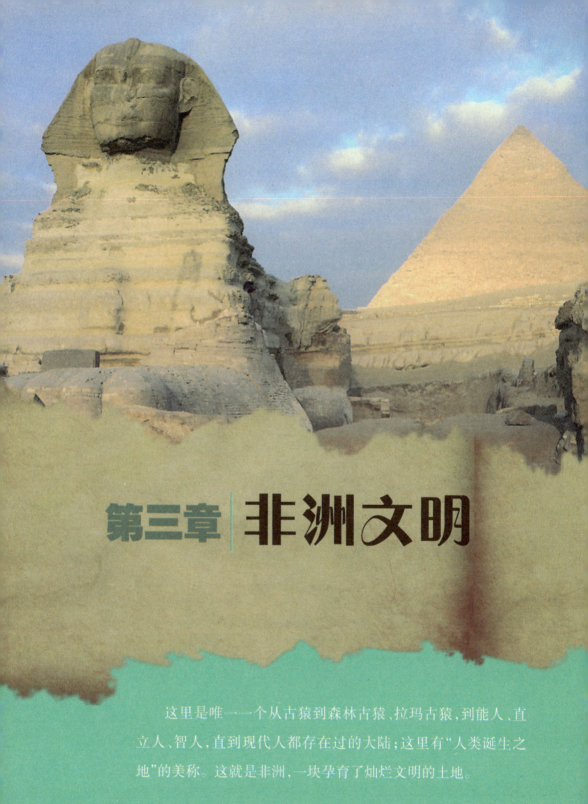

第三章 非洲文明

这里是唯一一个从古猿到森林古猿、拉玛古猿,到能人、直立人、智人,直到现代人都存在过的大陆;这里有"人类诞生之地"的美称。这就是非洲,一块孕育了灿烂文明的土地。

璀璨夺目的古埃及文明

　　绵延千里的尼罗河,滋养了土地,也孕育出了辉煌的古埃及文明。古老的象形文字、神秘的金字塔、雄伟的狮身人面像和不朽的神话传说,如同一座座让人仰望的丰碑,记录着古埃及璀璨的文明。

埃及是世界著名的文明古国之一。早在古罗马人研究确定未来帝国雏形的时候,埃及就已经是一个拥有 3500 余年文字记载历史的文明古国了。当日尔曼人和凯尔特人在北欧森林里狩猎的时候,埃及开始衰败。

可是,埃及是如何被世界了解的呢? 就是说,在地理意义以外,世界是怎么知道埃及的历史文化的呢? 18 世纪法国大革命的受益者、赫赫有名的法国皇帝拿破仑·波拿巴一世在历史和文化意义上是埃及的发现者,这可能只为少数人所知晓。当然这并不能说明,在此之前人们对埃及一无所知。

文明古国

古老的埃及为人类贡献了无数的发明和创造,也贡献了无数的美丽建筑。

公元前3世纪的曼涅托,将从美尼斯开始至马其顿亚历山大征服为止的埃及历史分为30个(或31个)王朝,现在学者又在此基础上将古埃及史分为以下几个时期:

1.前王朝时期(约前4500～前3100年,金石并用时期,大约在公元前3500年形成城邦)

2.早王朝时期(约前3100～前2686年,1～2王朝,埃及初步统一,定都孟菲斯)

3.古王国时期(约前2686～前2181年,3～6王朝,中央集权君主制得以发展)

4.第一中间期(约前2181～前2040年,7～10王朝,统一王国分裂)

5.中王国时期(约前2040～前1786年,11～14王朝,恢复统一,繁荣稳定)

6.第二中间期(约前1786～前1576年,15～17王朝,希克索斯人入侵,迁都底比斯)

7.新王国时期(约前1576～前1085年,18～20王朝,空前繁荣,军事征服,形成大帝国)

8.第三中间期(约前1085～前664年,21～25王朝,帝国分裂,影响力下降)

9. 后王朝时期（约前664~前332年，26~31王朝，复兴又衰落，波斯入侵，沦为波斯的总督区）

10.马其顿希腊人和罗马统治时期（前332~642年，由奴隶制向封建制过渡。公元前332年，亚历山大大帝征服埃及，亚历山大死后，马其顿希腊人统治埃及，进入托勒密王朝时期；公元30年，屋大维征服托勒密王朝，埃及成为罗马帝国的一个行省。公元642年，阿拉伯人征服埃及，伊斯兰文明取代了古埃及文明）

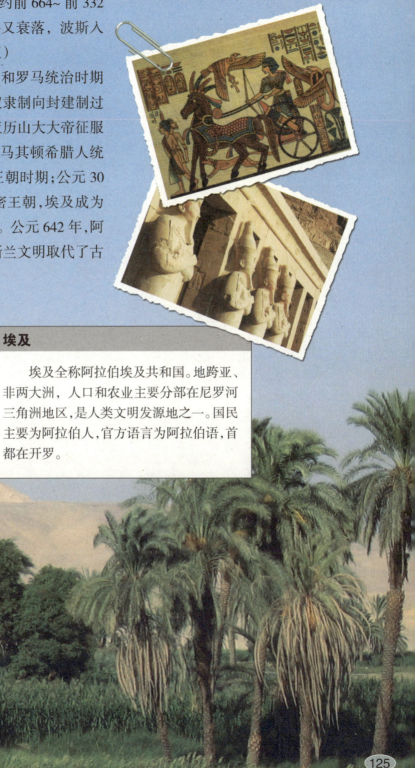

埃及

埃及全称阿拉伯埃及共和国。地跨亚、非两大洲，人口和农业主要分部在尼罗河三角洲地区，是人类文明发源地之一。国民主要为阿拉伯人，官方语言为阿拉伯语，首都在开罗。

光芒万丈的古埃及文明

　　孟菲斯是埃及最古老的首都,从公元前3100年起,定都时间长达800年。当时,它是世界最壮丽伟大的城市,毁于7世纪,如今只剩下一个迷你博物馆及花园中残破的石雕供人凭吊。周边绵延的是一片沙漠,向东越过西奈半岛达两河流域。顺着这片沙漠,曾经出现两大文明。这两大文明兴盛时都异常辉煌,但随着岁月流逝俱已灰飞烟灭。

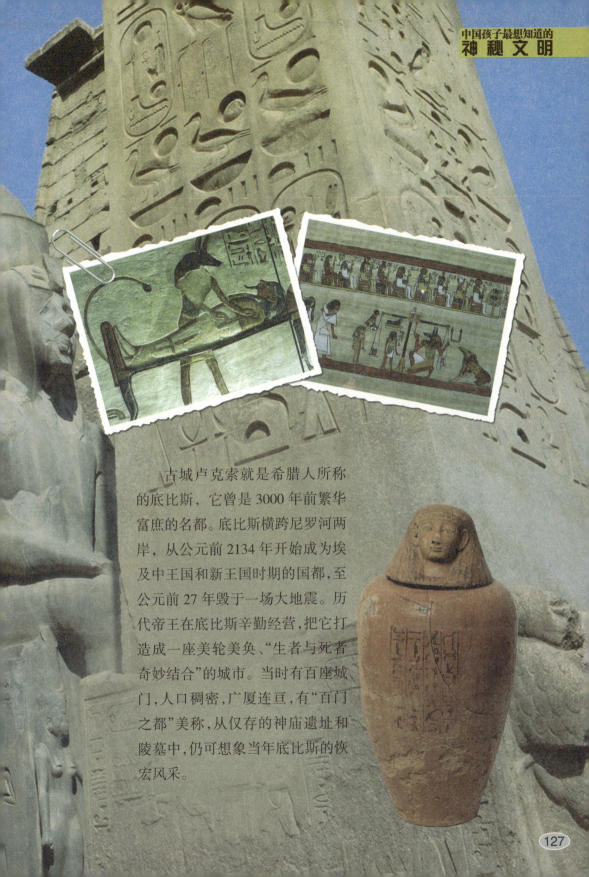

古城卢克索就是希腊人所称的底比斯，它曾是3000年前繁华富庶的名都。底比斯横跨尼罗河两岸，从公元前2134年开始成为埃及中王国和新王国时期的国都，至公元前27年毁于一场大地震。历代帝王在底比斯辛勤经营，把它打造成一座美轮美奂、"生者与死者奇妙结合"的城市。当时有百座城门，人口稠密，广厦连亘，有"百门之都"美称，从仅存的神庙遗址和陵墓中，仍可想象当年底比斯的恢宏风采。

当年，底比斯城的尼罗河东岸是"生者的乐园"，法老居住的地方，当今世上现存最大的神庙群——卡纳克神庙（也叫阿蒙神庙）曾屹立于此，136根参天石柱依旧耸立，每根柱石要 6 人才能合抱，据说柱顶能站立百人。而底比斯城的尼罗河西岸，似乎是属于亡灵的世界。埃及的研究人员曾在这儿发掘出很多陵墓。据发掘者说，他们进入皇陵时，偶尔还会见到留在沙土上的脚印。学者推断，那些脚印，就是 3000 年前送木乃伊入内安置的人所留下的。

也许埃及文明在世界古老文明中是最为迷人的一个。迄今为止，人们对所发现的埃及文物，许多都还没有找到合理的解释。

然而，埃及文明已不能等待。随着岁月的流逝，一切的光辉灿烂的文明，都会幻化成尘。

1899 年 10 月 3 日，卡纳克神庙的 11 根廊柱，已因受水浸蚀而坠毁。

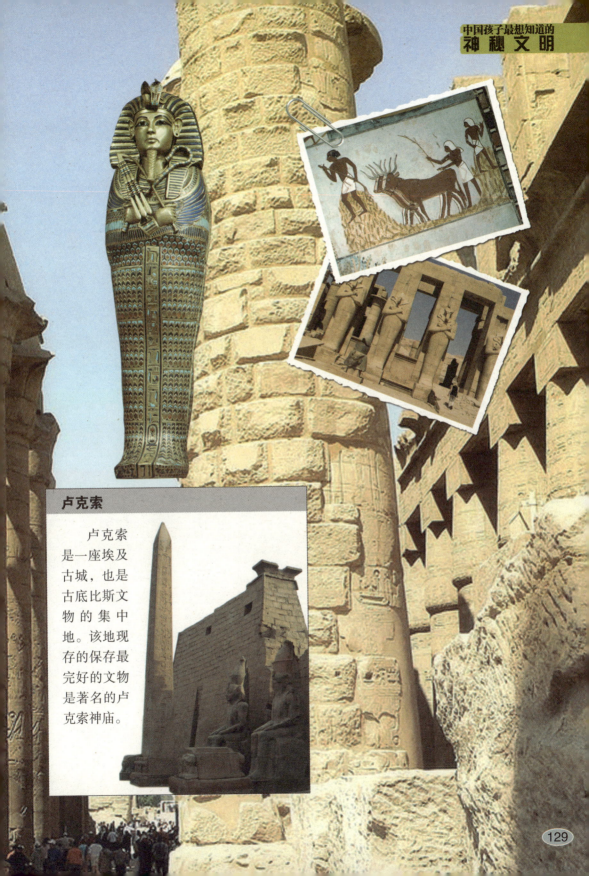

卢克索

　　卢克索是一座埃及古城，也是古底比斯文物的集中地。该地现存的保存最完好的文物是著名的卢克索神庙。

古埃及文字

　　古埃及的文字最初是一种单纯的象形文字,经过长期的演变,形成了由字母、音符和词组组成的复合象形文字体系。这一字母系统,经希腊人增补元音字母而更加完善,形成希腊字母。希腊字母再经过一些改进后传遍四方。字母是古埃及人留给西方文明乃至世界文明的重大文化遗产。

古埃及文字的演变可分为四个阶段：第一阶段是象形文字，它是我们已知的最早成体系的文字，这种文字体系产生于公元前3500年；第二阶段是祭祀体文字，是书吏将象形文字符号外形简化后创造的；第三阶段是世俗体文字，它是祭祀体文字的草写形式，与祭祀体文字对比，其书写形式更简单，已不具有图画特点，书写方式继承了祭祀体文字的传统，固定从右往左；第四阶段是科普特文字，它是古埃及文字发展到最后一个阶段的文字，希腊文、《圣经》对其影响很大。

伟大的建筑

古埃及的神庙、殿堂等建筑较为雄伟壮丽。与此相比,古埃及的人物雕像则显得呆板冷漠,古埃及的木乃伊文化更令人难以理解。古埃及文化总体特点是"神王合一,追求永恒",显得比较单一、稳定而保守。古埃及百姓的生活平凡而易于满足;古埃及工匠制造奢侈品的技术举世闻名;古埃及人最早发明了美容品,发展了制造美容品的技术。但古埃及最伟大的作品,还是誉满世界的金字塔。

提到埃及,人们就会联想到金字塔。它是古埃及建筑艺术的典型代表,更是在国家控制下的古埃及劳动人民最著名的集体劳动成果。

在一片广袤无垠的沙漠中,在碧空的映衬下,原本就巨大无比的金字塔更呈现出神秘威严之势。金字塔从来都不是寂寞的,在此地,游人穿梭往来,络绎不绝——有骑驴的富商巨贾、骑马的王孙公子、坐车的千金小姐,还有高踞骆驼背上的俊俏少妇。

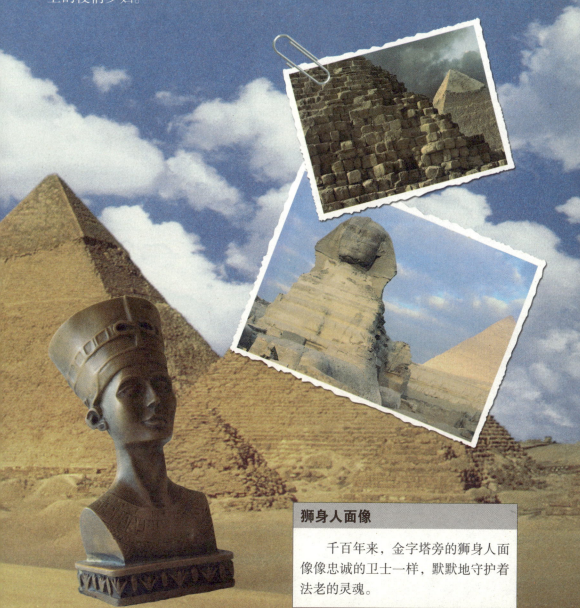

狮身人面像

千百年来,金字塔旁的狮身人面像像忠诚的卫士一样,默默地守护着法老的灵魂。

金字塔

　　埃及人信仰太阳神,认为太阳神的标志就是太阳光芒,而金字塔正是象征着刺向青天的太阳光芒。还认为法老死后会成为神,金字塔就是人们为法老建造的升天的梯子。

在壮观的金字塔前，无论是恺撒、拿破仑或是其他任何伟大的人物，都会显得十分渺小。被称为"历史之父"的希罗多德，曾先于恺撒 500 年来此。他在此听到许多新奇的故事，这些故事曾使希腊大政治家伯里克里斯大为吃惊。

金字塔已有 5000 多年的历史，因此，几百年甚至上千年，在它看来都有如弹指一挥间。如高山一般的狮身人面像屹立在金字塔旁。作为人的一半具有一副哲学家的面孔；作为狮身的一半的前爪正扒着黄沙；它以人的目光，漠视着络绎不绝的游客，以及那一望无际的沙漠。

建造金字塔是一个庞大而复杂的工程。在现代人看来，埃及的金字塔建筑群不仅是人类智慧的结晶，也是历史上未解的千古之谜。作为世界古代七大奇迹中唯一幸存的实体，金字塔群历经了 4000 多年的风霜洗礼，依旧向世人昭示着古代埃及人的高超技术与成就。

伟大和壮观是金字塔给众多参观者留下的深刻印象。但抛开其伟大壮观的外衣，所显现的却是血泪与悲凉。

金字塔的名称由来

金字塔的整体形象，特别像中国的汉字"金"字，所以"Pyramids"就被中国人称为金字塔。

第四章 | 美洲文明

1492 年,哥伦布踏上了美洲的土地,从此,美洲作为"新大陆"闻名于西方。事实上,美洲的文明由来已久,玛雅文明、印加文明、阿兹特克文明……都是美洲文明的代表。

神秘失落的玛雅文明

　　关于玛雅文明有许多传说。提到玛雅人，人们的脑海中就会浮现出一群身着鲜艳羽毛服饰的印第安人。的确，玛雅人是印第安人的一支。玛雅人留下的高度发达的文明遗迹与技艺高超的艺术作品，让今天的人们对这一文明充满了好奇与疑问。

玛雅金字塔

　　玛雅金字塔的每一个台阶都具有天文学的意义。

高度发达的玛雅文明

　　玛雅文明是中美洲古代印第安文明的杰出代表，它的创造者是印第安族的玛雅人，故因此而得名。玛雅文明主要分布在墨西哥南部、危地马拉、巴西、伯利兹以及洪都拉斯和萨尔瓦多西部地区。他们使用共同的象形文字和历法，其生产力水平、建筑风格和艺术也大体相同。玛雅文明约形成于公元前2500年，公元前400年左右建立了早期奴隶制国家；公元3~公元9世纪为古典期，玛雅文明达到全盛期，公元9世纪突然衰落；公元10~公元16世纪初为后古典期，玛雅文明部分复兴，最后为西班牙殖民者摧毁，此后长期湮没在热带丛林中。但玛雅人在农业、文字、天文、数学和建筑等方面的辉煌成就令世人惊叹不已。他们培育的玉米、土豆、西红柿等，传遍了整个世界。

玛雅预言

　　近年一部名为《2012》的电影风靡全球,它讲述了地球毁灭的故事。据说这一故事来源于玛雅预言。我们知道玛雅历法的精确程度是同时代其他文明不可企及的。这些历法以复杂的方式互相同步并紧密结合,形成更广泛、更长远的周期。

根据玛雅历法的预言，我们所生存的世界，共有五次毁灭和重生周期——每一周期即所谓的"太阳纪"。第一个太阳纪是马特拉克堤利（根达亚文明），第二个太阳纪是伊厄科特尔（美索不达米亚文明），第三个太阳纪是奎雅维洛（穆里亚文明），第四个太阳纪是宗德里里克（亚特兰蒂斯文明）。根据玛雅"卓尔金历"所言，我们的地球现在已经在所谓的"第五个太阳纪"（情感的文明）了，这是最后一个"太阳纪"，于2012年12月21日结束。每当一个太阳纪结束时，我们的地球都会上演一幕惊心动魄的毁灭悲剧。

玛雅文明

玛雅文明是古印第安人创造的文明，并且是在哥伦布发现美洲之前就已取得的。与一般古文明不同的是，玛雅文明不是诞生于大河流域，而是发迹于热带雨林中。

另一种更具体的解释是，我们的太阳系在银河季候中会经历一个长达 5000 多年的"大周期"，时间是从公元前 3113 年至 2012 年。在这个"大周期"中，运动着的地球以及太阳系正在通过一束来自银河系核心的银河射线，地球通过这束射线需要 5125 年之久。2012 年 12 月 21 日将是本次人类文明结束的日子。此后，人类将进入与本次文明毫无关系的一个全新的文明。

在玛雅人遗传下来了的一本手卷——《德雷斯顿抄本》中曾有关于世界末日场景的描述,该场景设想一场洪水将毁灭整个世界。不过,这种世界末日的假想在许多文化中都存在,并不是玛雅人独创的。

科学家们首先利用玛雅历法来揭穿所谓的"世界末日"预言。玛雅历法并没有结束于2012年，因此玛雅人自己也没有把这一年当作是世界的末日。不过，2012年12月21日（冬至）肯定是玛雅人的一个重要日子。

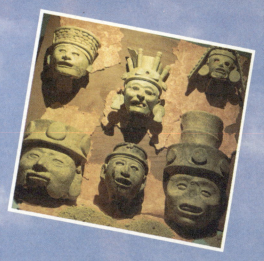

美国科尔盖特大学考古天文学家安东尼·阿维尼是一名玛雅文化研究专家。在阿维尼看来，玛雅预言中关于 2012 年 12 月 21 日是世界末日的说法是一种被误解的说法。那一天是玛雅历法中重新计时的"零天"，表示一个轮回结束，一个新的时代的开始，而并非指世界末日。

这次的玛雅预言不禁让人想起了 1999 年与 2000 年的世界末日传闻，不得不说，二者有着异曲同工之妙。

玛雅艺术

玛雅人的艺术中总是充满了令人难以理解的形象和符号，它们是破解玛雅文化的关键。

玛雅文明神秘消亡

　　玛雅文明最大的谜是玛雅人为何从热带雨林的深处突然消失？在公元900年前后，整个玛雅民族离开了辛苦修建的城池，舍弃了富丽堂皇的庙宇、庄严巍峨的金字塔、雕像整齐排列的广场和宽阔的运动场。玛雅文明开始衰微的最明显征兆是不再雕刻石碑；以蒂卡尔城而言，当地最后一块石碑完成于公元869年，整个玛雅文明区最后一块石碑则完成于公元909年。

　　蒂卡尔城位于危地马拉东北部的佩腾丛林中，是玛雅文化的中心之一。这座城市面积达50平方千米。城中央是祭祀和行政中心，附近建有台庙、宫殿等建筑群。这些建筑充分展示了玛雅文明的瑰丽和辉煌。刻有象形文字的庄严的石碑或纪念碑、迷宫似的宫殿和宏大的神庙，这些都展示出这座城市的磅礴气势。

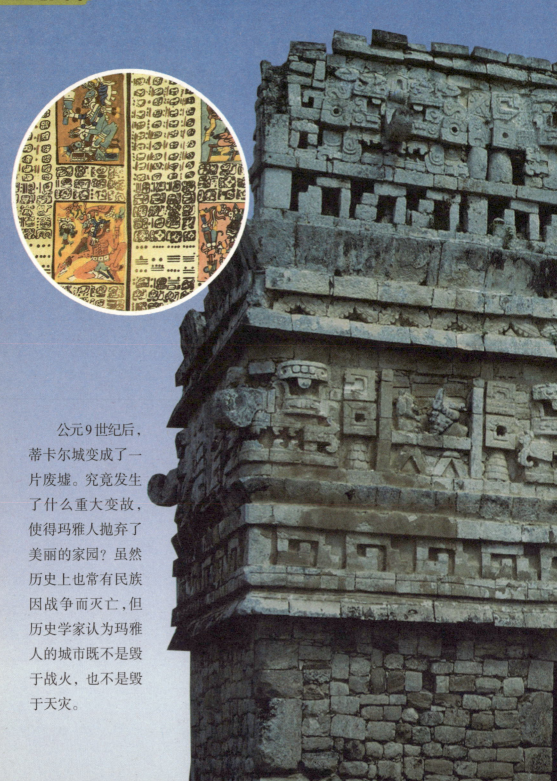

公元9世纪后，蒂卡尔城变成了一片废墟。究竟发生了什么重大变故，使得玛雅人抛弃了美丽的家园？虽然历史上也常有民族因战争而灭亡，但历史学家认为玛雅人的城市既不是毁于战火，也不是毁于天灾。

玛雅人的后裔

　　玛雅文明衰落后，玛雅后人在另一块土地上重建了家园。今天，在犹加敦半岛地区矗立着数以百计的玛雅城邦。约有300万玛雅人在此生活，很多人依旧能够说玛雅语系的语言。

　　据说玛雅人在公元909年的一天，80%的人口突然消失了，仅留下空空的城池。自那天起，祖先的睿智也急速消失，残留下来的玛雅人开始变得平庸。他们一边叹息，一边为执法人的消失而悲伤。

从 10 世纪初期至 1492 年发现美洲大陆的 600 年间，中美洲的居民深陷于战争的深渊中。16 世纪西班牙人进入尤卡坦半岛之前，只有一种玛雅语，后来分化成 27 种方言。

在蒂卡尔遗址上，考古学家发现许多覆盖于岩石及崩塌的拱形屋顶之下的坟墓，却未发现任何修复的迹象。附近神殿和宫殿的壁画也受到严重的破坏，石雕人像的脸部多半被削掉，石碑也被移作其他建筑之用。这些现象证实有外族入侵，玛雅人根本来不及抵抗便溃退了。也有一些学者认为在尤卡坦半岛，玛雅人于西班牙人入侵之前，就因流行病与内乱衰亡了，可是有关9世纪时丛林玛雅帝国的灭亡，却至今毫无线索可追寻。

玛雅人祭

　　玛雅人是一个很迷信神灵的民族，它们经常把自己最好的东西献给神灵，以换取自身的平安。而他们最好的东西就是自己的后代。

　　有学者认为,因为粮食不继,建于丛林中的玛雅帝国在发觉此地无以为生后,便做了一次种族大迁徙。也有学者认为,玛雅帝国受游牧民族的袭击,内部又发生动乱,整个帝国在遭受巨变后,居民溃退逃散,然而为何胜败两方都走得无影无踪? 没有人能够找到合理的答案。

特点

　　玛雅文明属于石器文明,另外它们有很高超的建造技术。在食物方面,他们以玉米为主食。

遗址众多

在玛雅的历史上,有很多重要的遗迹。如蒂卡尔玛雅遗址、科潘玛雅遗址等。

玛雅文明消失的原因众说纷纭,大多数人相信当时遭受地震、飓风的侵袭,加上人口爆炸、粮食不足、农民暴动和异族入侵等原因,造成玛雅文明的衰亡。但是,确凿的答案还未出现,还有待后人去努力探索。

灿烂而血腥的阿兹特克文明

　　墨西哥城是墨西哥合众国的首都,墨西哥城面积达 1500 平方千米。它集中了全国约 1/2 的工业、商业、服务业,是全国的政治、经济、文化和交通中心。墨西哥城的历史可以追溯到阿兹特克人建立的特诺奇蒂特兰城。

阿兹特克文明简介

　　阿兹特克文明是生活在古代墨西哥的阿兹特克人所创造的印第安文明,是美洲古代三大文明之一。主要分布在墨西哥中部和南部,于 14 世纪初形成,1521 年为西班牙人所毁灭。

　　阿兹特克人原属纳瓦语系发展水平较低的一个部落,后来因融合了其他印第安部落的优秀文化而迅速兴起。11~12世纪,阿兹特克人从北方迁入墨西哥中央谷地,1325年建造特诺奇蒂特兰城。1426年,阿兹特克同特斯科科、特拉科潘结成了"阿兹特克联盟",由阿兹特克国王伊兹科亚特尔任首领,国力渐渐强盛,在谷地建立起霸主地位。继承人莫克特祖玛一世及其后的国王不断对外扩张,至16世纪初发展到极盛时期,其疆域东西两面已抵墨西哥湾和太平洋沿岸,北与契契梅克为邻,南至今日的危地马拉,人口约300万。1519年,西班牙殖民者利用印第安人的内部矛盾,进攻阿兹特克,国王莫克特祖玛二世在入侵者面前软弱无能,最后沦落为西班牙殖民者的傀儡,于1520年6月劝人民投降时被群众击伤而死。

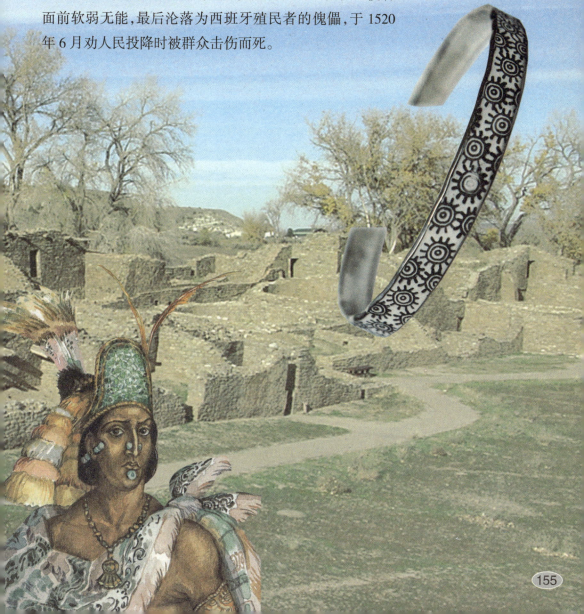

　　侵略者在入侵失败后仓惶逃走，但又于1521年卷土重来。在新国王库奥特莫克率领下，阿兹特克人与攻城的西班牙殖民者展开生死较量，最后由于粮水匮乏加之天花肆虐而失败。1521年8月，特诺奇蒂特兰城被西班牙人占领，侵略者在城中大肆屠杀，并将该城彻底毁坏，后来在其废墟上建立墨西哥城。

阿兹特克文明

  阿兹特克文明系统的教育制度、精确的天文历法和精湛的建筑艺术都令人赞叹,虽然它已经成为过去,但它曾经拥有的辉煌成就仍在历史的星空中熠熠生辉。

阿兹特克人的社会组织

　　墨西哥被阿兹特克人统治了约 4 个世纪（13~16 世纪）之久，鼎盛时期的人口达几百万。他们的社会制度比较复杂，美国著名人类学家摩尔根认为，阿兹特克人处在野蛮时期的中级阶段；有些学者则认为，他们在定居特诺奇蒂特兰后，已形成"城邦"国家的雏形。但对于阿兹特克社会以公有制为主，同时出现私有制的萌芽这一观点，学者们达成了一致。

墨西哥城的传说

　　据说，阿兹特克人的祖先得到了神的指示才来到了现在的墨西哥城的中心建立城市的。

　　以家族关系为基础的氏族制构成了阿兹特克人的社会组织，这种社会组织大体可分为四层：家族、氏族、部落和部落联盟。其中最重要的一层是氏族。氏族有自己的氏族长、祭司和保护神，它是由同一血缘关系的若干家族组成，一个大家族通常又分为几个家庭。议事会是氏族的最高权力机构，议事会的委员都是各家族推选出来的精明强干的长者，氏族的一切重大事务由他们决定，如推选氏族首领和任命其他官员等。各个氏族每年还要分别召开男子和女子大会，讨论各自的问题。

议事会是政治、经济、文化的中心,设在氏族的中心地区,那里有办公室、会议厅、庙宇、学校、法庭、监狱、仓库、市场等等。此外,还有广场,广场是氏族成员举行集会和重大宗教活动的场所。

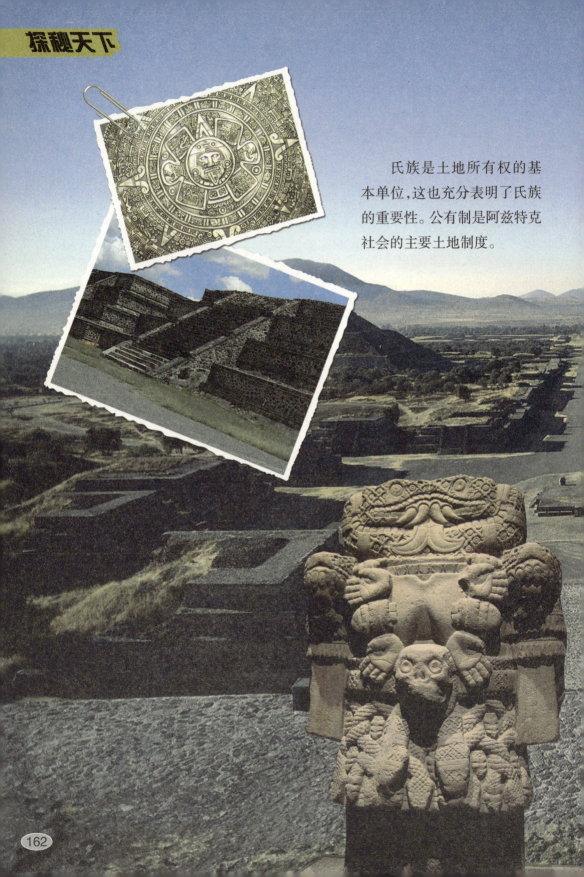

氏族是土地所有权的基本单位,这也充分表明了氏族的重要性。公有制是阿兹特克社会的主要土地制度。

　　氏族之上便是部落。一个部落常常由几个氏族组成,阿兹特克人的部落最初是由从墨西哥北方迁来的 7 个氏族组成。据说这些氏族后来由 7 个发展到了 14 个。氏族首领是酋长,由选举产生。一般来说,酋长的职位是终身制的。

　　部落联盟是阿兹特克社会的最高组织形式,在墨西哥印第安人的各部落之间较为盛行。1426 年,阿兹特克部落同另外两个大部落(即特斯科科部落和特拉科潘部落)结成了联盟,称之为"阿兹特克联盟",又叫"墨西哥峡谷大联盟"。在联盟内部,各部落在政治经济、社会管理、宗教信仰及生活习俗等方面,仍保持各自的特点。联盟所属的各氏族都要纳贡,以作为联盟的公用开支。

由三个部落的酋长组成的最高酋长会议是阿兹特克联盟的领导机构,设在特诺奇蒂特兰城内,由阿兹特克部落的酋长任统帅,或称为"总司令"。阿兹特克部落具有联盟的最高军事指挥权,这体现出它在三个部落之中处于举足轻重的地位。

在行政管理方面,三个酋长各有分工。三位酋长虽各有分工,但重大事件仍需集体商讨,即由最高酋长会议解决。尤其是对外战争,必须由最高酋长会议宣布,任何一个部落酋长都不得擅自决定。

　　阿兹特克联盟的文化和生产不断发展，其影响越来越大。在1426~1520年的94年间，它同邻近的部落之间争战不断。阿兹特克联盟在军事、经济方面均占有优势，势力范围也日益扩大，其最高酋长的权势和作用几乎相当于一个"国王"。

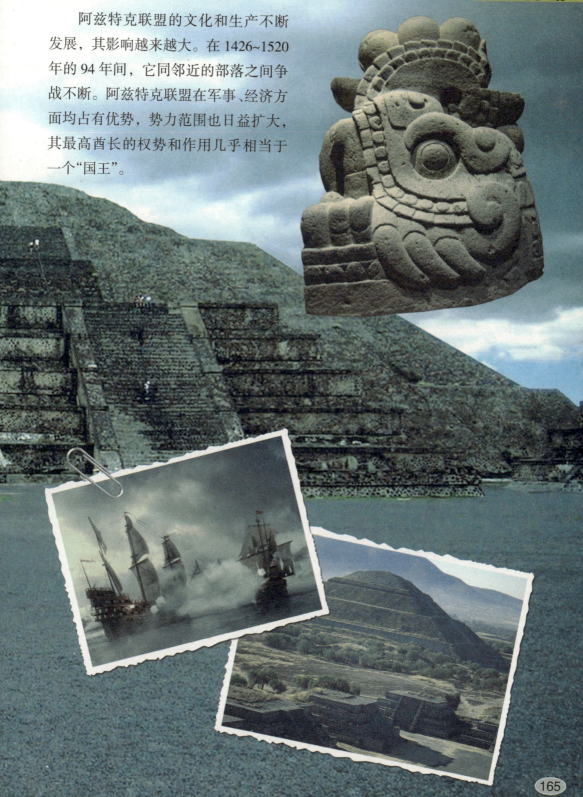

阿兹特克的神灵

在阿兹特克人崇拜的众神中,羽蛇神昆兹奥考特有着非凡的影响力,他掌管着整个中美洲文明。阿兹特克人认为,昆兹奥考特在他们祖先的艺术与文化发展方面给予了很大的帮助。据说昆兹奥考特学识极为丰富,他曾指挥建造了朝向四个方向的宫殿,极为华丽壮观。他还教人们学习宗教、农业和法律的知识,还传授数学、文字、音乐、诗歌和工艺美术,尤其向人们传授如何雕琢名贵金属与石头的技巧。

在阿兹特克人的传说中,昆兹奥考特的最初形象并不是很清晰,人们只知道他有灰白的皮肤,并蓄着胡子,活跃在他们的祖先中间。所以他是一个具有人性的神灵,在阿兹特克人的传说中,昆兹奥考特代表着光明的力量,帮助阿兹特克人与邪恶势力作斗争。

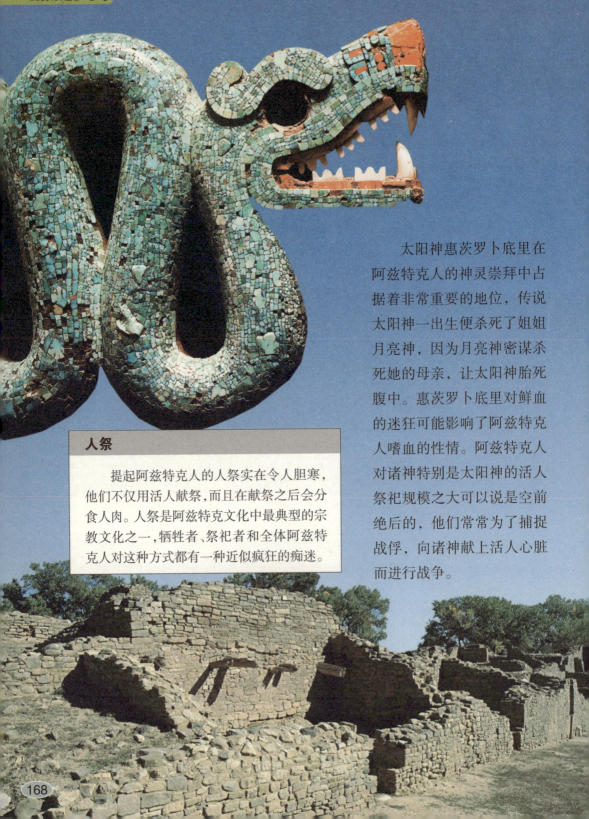

太阳神惠茨罗卜底里在阿兹特克人的神灵崇拜中占据着非常重要的地位,传说太阳神一出生便杀死了姐姐月亮神,因为月亮神密谋杀死她的母亲,让太阳神胎死腹中。惠茨罗卜底里对鲜血的迷狂可能影响了阿兹特克人嗜血的性情。阿兹特克人对诸神特别是太阳神的活人祭祀规模之大可以说是空前绝后的,他们常常为了捕捉战俘,向诸神献上活人心脏而进行战争。

人祭

　　提起阿兹特克人的人祭实在令人胆寒,他们不仅用活人献祭,而且在献祭之后会分食人肉。人祭是阿兹特克文化中最典型的宗教文化之一,牺牲者、祭祀者和全体阿兹特克人对这种方式都有一种近似疯狂的痴迷。

如太阳般耀眼的印加文明

印加文明简介

印加文明是南美洲古代印第安文明。"印加"意为"太阳之子"，是其最高统治者的称号。15世纪起印加帝国势力强盛，极盛时期的疆域以今天的秘鲁和玻利维亚为中心，北抵哥伦比亚和厄瓜多尔，南达智利中部和阿根廷北部，首都在秘鲁南部的库斯科。16世纪初，由于内乱，印加帝国日趋衰落，1532年被西班牙殖民者所灭。

太阳是印加人崇拜的对象，印加人自认为自己是太阳的后代。库斯科城中的太阳神庙(金宫)是全国的宗教中心。每逢农事周期的各个节日，这里都要举行祭典，主要以动物来祭祀神，但当印加王出征或发生巨大自然灾害时，则用活人祭祀。

印加帝国

印加帝国的经济非常繁荣，印加人除懂得金、银、铅、铜、锡、汞的冶炼外，还会冶炼各种合金。此外，印加人的纺织技术、医药学、天文、历法、数学也都达到了相当高的水平。

斑驳古迹

在这些斑驳的古迹中，不难看出当时的印加人是何等的聪明和勤劳，根据这些遗址人们可以猜测出当时他们的生活水平和社会状况。

经济制度

印加文明的经济以农业为基础，农业以土地和水利工程为根本。

印加帝国的土地均为国王的财产，由政府分配给农民耕种。土地划分成三部分：庙宇土地、政府土地和农民土地。这三部分土地均由农民耕种。农民首先耕种庙宇土地，接着耕种政府土地，最后耕种自家的土地。农民耕种的土地面积的大小会根据一家人口数量及其他需要而定。

水利是粮食生产的命脉。沿岸河谷地带整沟修渠、山区筑坝、修导水槽、引水灌溉平川庄稼地和梯田。沟渠纵横,灌溉网络连片,导水槽长达 100 余千米。据此,有些学者称印加文明为"灌溉文明",这是不无道理的。

印加帝国也注重发展畜牧业。政府同样划出专门牧场,也分为三部分:庙宇牧场、政府牧场和农民牧场。

政治制度

　　印加帝国实行强有力的中央集权制。全国的经济生活、宗教活动和社会生活由国王和中央政府控制。

　　中央集权制得以实行的保障是有一个完整的行政体系和交通信息网。

　　1.行政体系

　　印加帝国本名塔万廷苏约(意为"四个联合在一起的地区")。全国分为四个大区(苏约):钦查苏约,包括今厄瓜多尔和秘鲁北部地区;安蒂苏约,包括安第斯山脉以东地区;孔蒂苏约,包括今秘鲁南部沿岸地区;科利亚苏约,包括玻利维亚高原、阿根廷西北部和智利北部。大区下设若干行省,各省建有省会。各省又分为两个专区,专区由若干村落组成。

2.交通信息网

印加帝国全境有一个交通网，以首都为中心，全国形成了一个巨大的信息网络。

印加帝国有两条大道纵贯南北。大道沿途设有供信使歇脚的驿站。道路除用于传递信息外，还可用于军队的调动、粮草的运送、商品的运输、国王和政府官员的出巡等。

印加帝国的海上交通不发达。南部沿岸地区和的的喀喀湖有用芦苇绑成的筏子；北部沿岸地区有独木舟，可用于沿岸运输。

印加文明

　　印加文明已经发展到了一定的程度,印加人有自己独特的建筑和生活器具。

　　3.世袭制

　　印加帝国的世袭制是指政治、社会阶层的父子承继而不只是王位的父子承继,即各国统治阶层的子嗣承继他们的父辈享有的特权。各国的国君要将子嗣送到库斯科接受教育,以示效忠。这些国君的子嗣们学成后会返归故里,继承父位,继续为帝国服务。

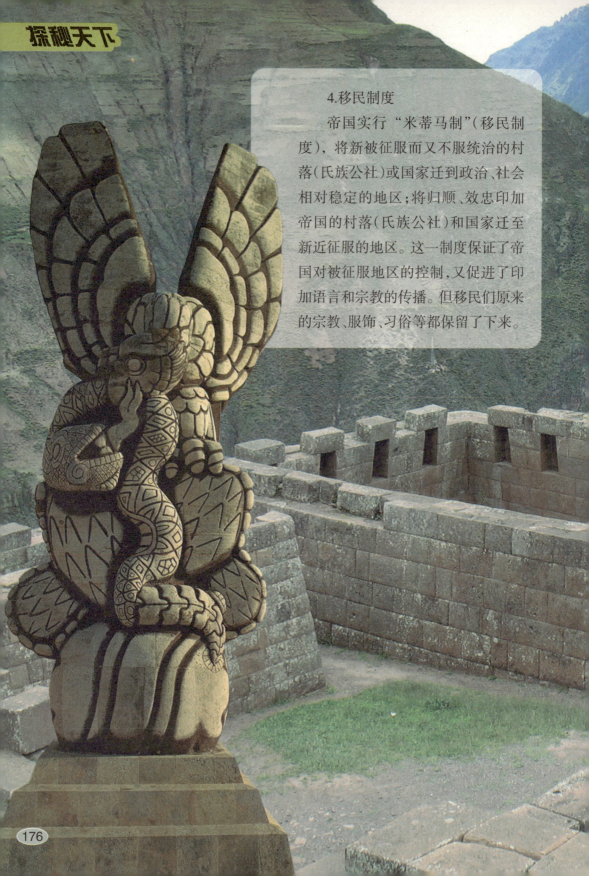

4.移民制度

帝国实行"米蒂马制"（移民制度），将新被征服而又不服统治的村落（氏族公社）或国家迁到政治、社会相对稳定的地区；将归顺、效忠印加帝国的村落（氏族公社）和国家迁至新近征服的地区。这一制度保证了帝国对被征服地区的控制，又促进了印加语言和宗教的传播。但移民们原来的宗教、服饰、习俗等都保留了下来。

军事制度

印加帝国实行征兵制，兵源来自所有顺从的省份。军队由王室成员指挥。

加强对被征服国家的政治控制和保证赋税的征收，是帝国军队的主要任务，此外，帝国军队的另一个任务就是镇压暴乱和反抗。

所有战俘和战利品一律上交政府官员处理。官兵一律不得将被俘人员沦为自家的奴隶；祭司不得用俘虏献祭。

官兵论功受赏，赢得荣誉和某些特权。

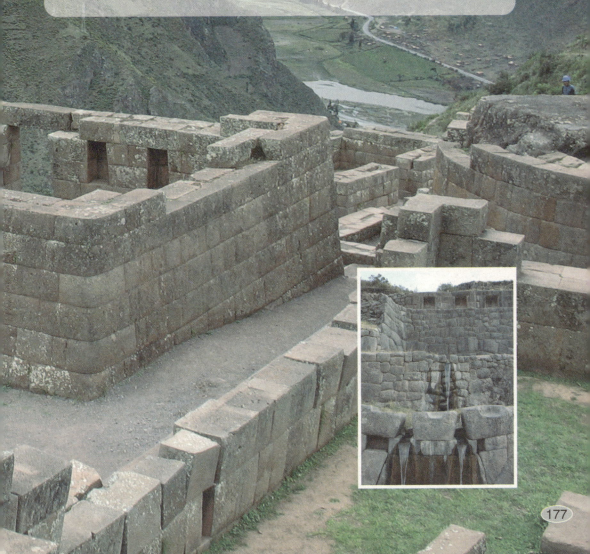

印加历史圣城

　　提到印加就不得不提其著名的城市库斯科和马丘比丘。库斯科城位于秘鲁东南部的库斯科省,是古印加文化的摇篮,因保存有大量的印加古迹和许多巴洛克式建筑而闻名于世。公元前 1200 年前后,印加部落首领曼科·卡帕克将部落从的的喀喀湖迁至库斯科,建成雄伟华丽的库斯科城,并以此为中心,建立了庞大的印加帝国,创造了印加文化,使之达到南美大陆印第安文明的最高峰。

遗迹的意义

　　印加文明遗迹的保护对当下的人类有着重要的意义,它是现代人了解古代印加文明的一个窗口。

　　库斯科城是依照美洲狮的形状而建的。"美洲狮"的头部是位于安第斯山脉上的萨克萨瓦曼神庙,中部是印加王宫,"美洲狮"的尾部是贵族的住宅。萨克萨瓦曼神庙在距离库斯科城 1.5 千米的高处,是举世闻名的举行"太阳祭"的地方。

马丘比丘是印加的历史圣城,位于秘鲁东南部的库斯科省,距古印加王国都城库斯科城约112千米,是古印加文明最后的遗存。马丘比丘大约建于15世纪,这里被高山环抱,终年云雾缭绕。已挖掘出的建筑有200多座。全城所有的房屋、墙壁、街道和台阶都是用石头垒成,有些台阶是在山岩上直接凿成。随着地势的起伏,那些断壁残垣纵横成行,上下错落,一直延伸到高山之巅,气势雄伟,令人惊叹。

神秘怪异的纳斯卡文明

在印加帝国出现之前,在南美洲这片大陆上涌现了许多文明,纳斯卡文明就是其中之一。

纳斯卡文明

纳斯卡文明是南美洲的古印第安文明,崛起于群峰环绕的小盆地中,因所在地有纳斯卡河谷而得名。

纳斯卡人

纳斯卡人主要沿河谷定居,种植的作物包括棉花、豆类、薯类、蛋黄果,还有一种短穗玉米。纳斯卡人以杰出的制陶工艺闻名,也有着独特的宗教仪式。

曾有人说"这里（纳斯卡地区）是完美的人类居住地，因为这里有水"。但实际上纳斯卡是片高危地带，风险非常大。据研究者称，纳斯卡地区的气候在过去 5000 年中经历了激烈的动荡。南美洲中部的玻利维亚高压向北移动时，安第斯山脉西坡的降水量就会增加；而当玻利维亚高压转而向南移动，安第斯山西坡的降雨就会减少，纳斯卡山谷中的河流便会干涸。

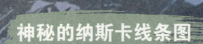

神秘的纳斯卡线条图

　　这组世界上最大的平面艺术品——纳斯卡巨型线条图是由 70 多幅动物、植物和人的巨型图像，以及 800 多条互相交织的直线组成。有些线条延伸数千米，越过山丘沟壑仍能保持平直。由于图形太大已超出目力所及的范围，人们只有在空中才能看见这个线条画的全貌。但就当时的技术条件和社会发展程度而言，这些巨画所显示出的设计、测量和计算能力，以及图形的复杂程度，都无法让人相信这是古代纳斯卡人所为。

纳斯卡巨画

　　纳斯卡巨画的设计中还运用了光学原理,当旭日东升之时,登上山巅,便能够看到纳斯卡巨画,但等到太阳升高之后,这些巨画就不见了踪影。

纳斯卡文明的灭亡

　　科学家发现存在纳斯卡线条的沙漠平原上已不适合树木生长,而古纳斯卡人却是在这里开垦农田、种植农作物的。所以科学家推测,纳斯卡被开垦之前应该生长着大量的树木,而这些树木之中还存在着能够改善沙漠环境、提高土壤肥力和营养成分的树种,勉强保留着纳斯卡地区易遭到破坏的地表和地下水分。这些树木根部可以深入地下巩固土壤,保护土壤不被侵蚀。然而由于纳斯卡人的贪婪,这些树全部被棉花、玉米等农田代替,生态环境遭到严重破坏,使得这片原本就非常脆弱的土地达到了其忍耐的极限。之后厄尔尼诺类型的洪水侵袭了纳斯卡地区,纳斯卡文明就这样消失了。